ACCESS
FRENCH 2

Bernard Grosz

Series editor: **Jane Wightwick**

Hodder Arnold

A MEMBER OF THE HODDER HEADLINE GROUP

Orders: please contact Bookpoint Ltd, 130 Milton Park, Abingdon, Oxon OX14 4SB.
Telephone: (44) 01235 827720. Fax: (44) 01235 400454. Lines are open from 9.00 to 6.00,
Monday to Saturday, with a 24-hour message answering service. You can also order through
our website www.hoddereducation.co.uk

British Library Cataloguing in Publication Data
A catalogue record for this title is available from the British Library

ISBN –10: 0 340 88485 1
ISBN –13: 978 0 340 88485 0

First Published 2005
Impression number 10 9 8 7 6 5 4 3 2 1
Year   2010 2009 2008 2007 2006 2005

Copyright © 2005 Bernard Grosz

Typeset by Pantek Arts Ltd, Maidstone Kent

Illustrations by Barking dog Art, Jon Davis/Linden Artist, Marco Schaaf/NB Illustration

Printed in Italy for Hodder Arnold, a division of Hodder Headline, 338 Euston Road,
London NW1 3BH.

ACKNOWLEDGEMENTS

The author and publishers would like to thank the following for use of their material in this volume.

AOL.fr for page d'accueil p91; Atletico Music © 2003 for lyrics of *Ma Liberté de Penser* (paroles: Lionel Florence, musique: Pascal Obispo) on pp64–5; Conseil Régional d'Auvergne for web page and text pp168–9; cv-conseils.com for web page and extract on pp212–13; elysee.fr for Présidence de la République page d'accueil p20; *L'Entreprise* for web page p159; France Télécom for extracts on p96; france3.fr for extract 'Le marché de la mode masculine' par Corinne Jeammet; Le Guide Routard for web screens and extracts on pp42–4, 67–9, 85, 106–8, 128–30, 152–4, 175–7, 196–8; idéesMaison.com for web page on p80; Historia Presse for extract and web page on pp124–5; Job-Junior.com for web page p208; Leroy Merlin for catalogue page p83; Mairie de Lille for Ville de Lille web page p38; Mariage.fr for web page p181; marsdistribution/8femmes-le film for web pages on p18; Menara for web page p48; MonBlogue.com for web page & extract pp120–21; *Le Monde* for 'Dany Boon, vedette à succès du "parler chti"' de Jean-Paul Dufour (17.02.04); neufmoisetplus.com for Astro bébé web page/horoscopes on pp12–13; orientation.ch for web page and texts p203; santeweb for article by Pr R. Marianowski on pp150–51; SeniorPlanet for web page on p138; Service Vie for web page and text pp148–9; Société Générale for web page: Bienvenue sur www.societegenerale.fr on p54; uni-éditions for model letters from *Site Internet Dossier Familial* on pp102 and 218–19; Wanimo.com for web page and extract on pp142–3; Yahoo UK for screen and weather map p174.

Every effort has been made to trace and acknowledge ownership of copyright. The publishers will be glad to make suitable arrangements with any copyright holders whom it has not been possible to contact.

Photo acknowledgements

AKG p158 Le Déjeuner by François Boucher. Alamy pp 6 (top) & 97 (© David R. Frazier Photolibrary Inc.), 207 (© TNT magazine). C. Baldwin p71 (b, top). CORBIS pp 5, 6 (centre left: © Roy McMahon, centre right: © Walter Smith, bottom: © Jon Feingersh), 34 (top: © Owen Franken), 39 (© Richard Klune), 40 (© Eric Robert/VIP Production), 48 (© Peter Turnley), 108, 139 (© Tom & Dee Ann McCarthy), 153 (© Bohemian Nomad Picturemakers), 154 (left: © Michael S. Yamashita, right: © Luca I. Tettoni), 176 (© Hubert Stadler), 189 (© Michael Kim). Carmen García del Río pp 1, 32, 58, 95, 101, 140, 163, 201, 202, 209, 211, 214. Sarah Gwilliam p116. J. Lowe pp7, 8, 71 (c, left). S. O'Farrell pp130, 131.

All other photos courtesy of the editors and author.

Cover images:
Doorway Paris: Medioimages / Alamy
French shop: Green / Getty Images
Grande Arche: Robert Harding World Imagery

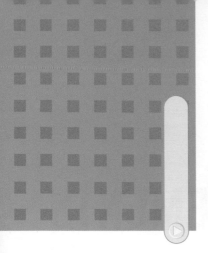

INTRODUCTION

Access French is a refreshing, modern two-level introduction to the French language, culture and people. It is specially designed for adults of all ages who are just starting out learning French or who are returning after a long gap. The course is ideal for use in classes but will also help develop strategies for independent learning. In the coursebook, teachers and learners will find an extended range of activities covering all four skills as well as ideas for group activities.

A further range of ideas, activities, tips and advice is available on our website, www.accesslanguages.com. You don't have to use the site to benefit from the course but, according to your particular needs or interests, you will find a great deal of extra practice, information and links to useful French sites. For more depth in a particular language structure, for example, we have included additional printable worksheets and we've even included advice and links for the major examinations and qualifications.

Access French 2 consolidates previous language skills, using the familiar framework of Language Focus panels, learning tips and assessment checklists. It looks at different topic areas in greater depth and goes on to cover more practical matters such as dealing with your finances, methods of communication, buying a property in France and the world of work. A wide range of activities based on realistic and engaging material and situations affords plenty of opportunities for understanding, speaking, reading and writing authentic French, enabling learners to communicate at a higher level. The course will provide learners with a sound basis of vocabulary and includes all the grammar structures required for GCSE or equivalent. It is also ideal for those who wish to study or to brush up their French for business purposes.

The coursebook is divided into 10 carefully graded units. The units begin with a variety of revision activities and there is frequent consolidation of important grammar points, giving learners the confidence to move forward. The majority of units end with a Découverte de la Francophonie section exploring the customs and traditions of French-speaking countries. Frequent listening exercises are integral to the course.

Each unit consists of:

- a checklist of topics covered in the unit

- revision activities (Vous vous souvenez?): these give you the chance to revise important points covered in the previous unit

- listening activities: authentic and humorous conversations, passages and exercises to increase your listening skills and to help you acquire confidence

- speaking activities

- reading activities: authentic documents and exercises to extend your vocabulary and comprehension

- writing activities: practical and authentic forms to complete, grammar activities and letter-writing to consolidate key points and to reinforce confidence when travelling to a French-speaking country

- exercises and games to complete with a partner

- exercises and games to work on with a group in order to practise the language through various practical situations

- games to be played with a partner or in a group

- **LANGUAGE FOCUS** panels offering brief and concise structural and grammatical summaries with related activities

- **LEARNING TIP** tips containing useful linguistic and cultural information

- **READY TO MOVE ON?** frequent reviews enabling you to check your progress and to feel confident in what you have learnt

- **Découverte de la FRANCOPHONIE** special sections at the end of the unit giving general information and related activities on French-speaking countries around the world

- **GLOSSARY** French–English glossaries containing vocabulary used in the unit

- links to our dedicated website www.accesslanguages.com containing extra activities to practise key points, useful links to French sites and advice on further study and examinations

Answers to the exercises and full recording transcripts are available in a separate Support Booklet and we strongly recommend that you obtain the **Access French 2 Support Book and CD** or **Cassette Pack**, which will enable you to develop your listening skills and get used to hearing the French language as it is spoken now.

We hope that working through this course will be an enjoyable experience and that you will find this new approach to language learning fun. **Bonne chance!**

CONTENTS

LES INSTRUCTIONS

Verbes

accorder	to make sth. agree with sth.
aider	to help
choisir	to choose
cocher	to tick
commencer	to begin
comparer	to compare
compléter	to complete
corriger	to correct
décrire	to describe
dire	to tell
discuter	to discuss
donner	to give
écouter	to listen
écrire	to write
essayer	to try
expliquer	to explain
faire correspondre	to match
inclure	to include
indiquer	to point out
lire	to read
mélanger	to muddle/to mix up
mettre	to put
obtenir	to obtain
parler de	to talk about/of
poser des questions	to ask questions
réfléchir	to think
se référer	to refer
regarder	to look
relier	to link
remettre	to put back
remplir	to fill in
répondre	to answer
se glisser	to slip
se rappeler	to remember
réécouter	to listen again
souligner	to underline
simuler	to simulate
suivre	to follow
surligner	to highlight
traduire	to translate

travailler	to work
trouver	to find
utiliser	to use
vérifier	to check

Divers

afin de	in order to
chacun(e) à votre tour	in turn
chacun(e)	each
chaque	each
ci-dessous	below
ci-dessus	above
d'après	according to
ensuite	then/next
en groupes	in groups
en italique	in italics
encore une fois	once more
entre parenthèses	in brackets
une fois/deux fois	once/twice
plusieurs fois	several times
oralement	orally
par écrit	in writing
parmi	among
correspondant	matching
précédent	previous
suivant	following
vrai ou faux	true or false

Noms

affirmation (f)	statement
blancs (mpl)	gaps
erreur (f)	mistake
explication (f)	explanation
bon ordre (m)	right order
fiche (m)	form
formulaire (m)	form
grille (f)	grid
jeu (m) de rôle	roleplay
phrase (f)	sentence
remue-méninges (m)	brainstorm
suite (f)	rest/sequel
sens (m)	meaning

ACCESS **FRENCH 2**

UNIT 1
Les retrouvailles

By the end of this unit you will be able to:

- Introduce yourself and talk about others
- Describe people and talk about personalities
- Use the negative form
- Use the present tense
- Ask questions
- Use adjectives

C'est parti! Travaillez en groupes (huit personnes maximum). First of all, think of an adjective that describes you best (timide, amusant(e), joyeux(se), curieux(se), sérieux(se), petit(e), etc).

Now tell everyone your name and give a personal detail:
Bonjour, je m'appelle John et je suis amusant.

The next person gives their name and a personal detail but must remember to add your details too:
Bonjour, je m'appelle Jane et je suis joyeuse. **Voici** John, il est amusant.

And so on.

1 Mais je ne connais personne ici…

A Nathalie est invitée à une soirée pour l'anniversaire de sa collègue de travail, Olivia. Listen to the dialogue and look at the picture. Can you recognise the people Olivia is describing? Put their names in the boxes.

B 🎧 ▶ Ecoutez encore une fois le dialogue précédent. Look at the following descriptions and tick those that you think apply to each person:

Jacques et Marie-Claire

work in Versailles ⬭

live in Paris ⬭

Brigitte

Olivia's younger sister ⬭

36 years old ⬭

works for an insurance company ⬭

married ⬭

Oliver

Brigitte's fiancé ⬭

Scottish ⬭

from Aberdeen ⬭

does not speak French ⬭

Rachid

Olivia's friend since they were 20 ⬭

works with computers ⬭

works for a large company ⬭

single ⬭

Agnès

single mother ⬭

2 children ⬭

shop assistant ⬭

pregnant ⬭

Muriel

works in the same company as Nathalie and Olivia ⬭

marketing manager ⬭

separated ⬭

having an affair with next-door neighbour, Jérôme ⬭

Les retrouvailles UNIT 1

LANGUAGE FOCUS

La négation

To make a sentence negative, you need to surround the verb (the action word) with two elements: **ne...** and **...pas** (or **n'...** and **...pas** if the verb starts with a vowel or a silent **h**).

Je **ne** joue **pas** au football.	*I don't play football.*
Je **n'**aime **pas** le poisson.	*I don't like fish.*

For other negative expressions (*nothing, never, nobody*), you also need to put two words around the verb:

ne verb **personne**	*not ... anyone, nobody, no one*
ne verb **rien**	*not ... anything, nothing*
ne verb **jamais**	*not ... ever, never*
ne verb **plus**	*not ... any more, no more, no longer*

When the expression 'nobody' or 'no one' is the **subject** of the verb – *nobody smokes* – then in French, **personne ne** is used in front of the verb:

Désolé, **personne ne** parle anglais ici.	*Sorry, nobody speaks English here.*
Personne ne fume.	*Nobody smokes.*

C Un petit exercice! Essayez de faire correspondre les phrases en français et en anglais:

1	Cette leçon n'est pas intéressante.	a	There is nobody in the kitchen.
2	Je ne fume plus.	b	Nobody wants to work for him.
3	Il n'y a personne dans la cuisine.	c	I don't speak French.
4	Tu ne comprends jamais rien.	d	There is no more water in the kettle.
5	Je ne parle jamais à son frère.	e	I don't smoke any more.
6	Il n'y a plus d'eau dans la bouilloire.	f	This lesson is not interesting.
7	Je ne parle pas français.	g	I never talk to his brother.
8	Personne ne veut travailler pour lui.	h	You never understand anything.

D  Travaillez avec un(e) partenaire. In turn, ask each other five of the following questions. Answers must be in the negative form.

Exemple:

(A) Vous allez en vacances cet été? (never)

(B) Non, je ne vais jamais en vacances.

1 Vous faites du sport? (no)

2 Vous allez quelquefois au cinéma? (never)

3 Vous sortez souvent avec vos amis? (never)

4 Vous voulez boire quelque chose? (nothing)

5 Vous voyez votre famille le week-end? (nobody)

6 Vous fumez beaucoup? (no more)

7 Vous savez nager? (no)

8 Qu'est-ce qu'il y a au cinéma en ce moment? (nothing)

9 Vous mangez de la viande? (no more)

10 Vous faites toujours vos devoirs de français? (never)

E Voici cinq personnes. Essayez d'écrire un court paragraphe en français sur chacune de ces personnes en utilisant les informations données ci-dessous. (Don't hesitate to make up further details about them!)

Exemple:

Isabelle
- 30 years old
- from Paris
- lives in Aigle (Switzerland)
- married to a Portuguese man
- two children: boy (7 years old), girl (2 years old)

Voici Isabelle, elle a trente ans. Elle est de Paris mais elle habite à Aigle en Suisse. Elle est mariée avec un Portugais et ils ont deux enfants: un garçon de sept ans et une fille de deux ans.

➔

Les retrouvailles UNIT 1

1

Djamal
- 42 years old
- born in South of France
- parents from Algeria
- solicitor
- boyfriend, but family doesn't know

2

Sylvie
- born in Bordeaux
- lives in Lyon
- nurse
- divorced but marrying a millionaire next month
- no children

3

Jennifer
- 22 years old
- travels a lot
- wants to be an air hostess
- doesn't like to study
- never has any money
- busy social life

5

Philippe
- 35 years old
- unemployed
- still lives with parents
- can't keep girlfriends more than one week
- drinks too much

2 Où, quand, comment? Dites-moi tout!

A Blandine se promène dans les rues d'Annecy et rencontre son amie d'enfance, Jennifer. Ecoutez leur conversation et indiquez si les affirmations suivantes sont vraies ou fausses:

		Vrai	Faux
1	Blandine est en voyage d'affaires à Annecy.		
2	Jennifer fait de la peinture sur soie.		
3	Les cousins de Jennifer insistent pour garder ses enfants.		
4	Jennifer a quatre enfants.		
5	Jennifer va à l'agence de voyages pour réserver un vol.		
6	Le mari de Jennifer ne part pas avec elle.		
7	Jennifer prend l'avion à 13h00.		
8	Blandine est divorcée.		

LANGUAGE FOCUS

Le présent – rappel

In French, the present tense is used to talk about what happens generally:

Tous les soirs, je fais la vaisselle. *Every night, I do the washing-up.*
Je prends le bus pour aller travailler. *I take the bus to go to work.*

But in French, the present tense is also used to talk about current situations:

Je fais la vaisselle. *I **am** doing the washing-up.*
Elle attend le bus. *She **is** waiting for the bus.*

Les retrouvailles UNIT 1

▶ 🎧 LANGUAGE FOCUS

Le présent – rappel

Most verbs in French follow a regular pattern of endings depending on their infinitive form (the 'raw' form of the verb – in English '**to** live', '**to** work'):

march**er** – *to walk*	chois**ir** – *to choose*	attend**re** – *to wait*
je march**e**	je chois**is**	j'attend**s**
tu march**es**	tu chois**is**	tu attend**s**
il/elle/on march**e**	il/elle/on chois**it**	il/elle/on attend
nous march**ons**	nous chois**issons**	nous attend**ons**
vous march**ez**	vous chois**issez**	vous attend**ez**
ils/elles march**ent**	ils/elles chois**issent**	ils/elles attend**ent**

Unfortunately, a number of verbs are irregular and have to be learnt individually. Here are some common examples:

aller – *to go*	**prendre** – *to take*	**vouloir** – *to want*	**devoir** – *must/to have to*
je **vais**	je **prends**	je **veux**	je **dois**
tu **vas**	tu **prends**	tu **veux**	tu **dois**
il/elle/on **va**	il/elle/on **prend**	il/elle/on **veut**	il/elle/on **doit**
nous **allons**	nous **prenons**	nous **voulons**	nous **devons**
vous **allez**	vous **prenez**	vous **voulez**	vous **devez**
ils/elles **vont**	ils/elles **prennent**	ils/elles **veulent**	ils/elles **doivent**
faire – *to do/make*	**venir** – *to come*	**pouvoir** – *to be able*	**savoir** – *to know*
je **fais**	je **viens**	je **peux**	je **sais**
tu **fais**	tu **viens**	tu **peux**	tu **sais**
il/elle/on **fait**	il/elle/on **vient**	il/elle/on **peut**	il/elle/on **sait**
nous **faisons**	nous **venons**	nous **pouvons**	nous **savons**
vous **faites**	vous **venez**	vous **pouvez**	vous **savez**
ils/elles **font**	ils/elles **viennent**	ils/elles **peuvent**	ils/elles **savent**

B Voici la conversation de Blandine et de Jennifer. Try to put the verbs in brackets in the present tense. Then listen to the dialogue again to check your answers.

Blandine: Mais ... Jennifer?

Jennifer: C'est pas vrai, Blandine? Mais qu'est-ce que tu (*faire*) ici? Comment vas-tu?

Blandine: Ça va, je (*être*) en vacances à Annecy et tu (*voir*), je me promène... mais toi, tu (*habiter*) dans la région?

Jennifer: Oui, ça fait dix ans. Mais dis-moi, qu'est-ce que tu (*devenir*)? Moi, tu (*savoir*), je (*courir*) partout, je mène une vie de dingue, entre la gym, l'esthéticien, mes cours de peinture sur soie et les enfants. Enfin les enfants, ce sont mes beaux-parents qui les (*garder*) la plupart du temps, ils (*insister*)! ... alors moi, pour ne pas les contrarier, j'(*accepter*). Et toi, tu (*être*) mariée? Est-ce que tu (*avoir*) des enfants aussi?

Moi, j'en (*avoir*) trois, ils (*être*) adorables. Dis-moi, tu es à Annecy pour combien de temps exactement?

C'est une belle ville, n'est-ce pas? Belle mais fatigante ... d'ailleurs, je (*aller*) à l'agence de voyages là pour retirer mon billet, j'ai besoin de vacances. Pierre-André, mon mari, ne (*vouloir*) pas venir, il (*préférer*) rester... je (*partir*) demain en Floride, je (*prendre*) l'avion à 13h00 de Lyon. Tu (*voyager*) beaucoup toi aussi?

Tu (*savoir*), moi, dès que je le (*pouvoir*), je pars. J'adore voyager! Au fait, tu es mariée? Tu as des enfants? Raconte-moi tout!

Blandine: Et bien oui, je suis mariée et...

Jennifer: Attends, quelle heure (*être*)-il?

Blandine: Deux heures...

Jennifer: ...et demie? Oh là là, je (*devoir*) filer... Ecoute, je te (*téléphoner*). Cia-ciao!

Blandine: Elle n'(*avoir*) même pas mon numéro. Sympas les retrouvailles!

LEARNING TIP:
On s'amuse! – *We*'re having fun!

The French often use the word **on** when in fact they mean *we*:

On mange tous les jours à 19h30.
We eat at 7 pm every day.
On attend le bus.
We are waiting for the bus.
On part en vacances demain.
We are going on holiday tomorrow.

Note that although **on** is used as **nous**, it is always singular.

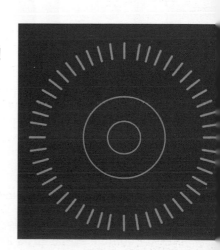

Les retrouvailles UNIT 1

C Travaillez avec votre partenaire. In turn, use examples from activity B and tell your partner what Jennifer or Blandine says:

Exemple: Jennifer dit qu'elle **a** trois enfants.
                 Blandine dit qu'elle **est** mariée.

D Reliez les mots interrogatifs suivants avec la question correspondante:

1	Qui	a	…dit-on en français '…'?	
2	Où	b	…est votre numéro de téléphone?	
3	Quand	c	…ne cherche-t-il pas un autre travail?	
4	Comment	d	…est à l'appareil?	
5	Pourquoi	e	…venez-vous me voir à Paris?	
6	Qu'est-ce que	f	…vous faites ce soir?	
7	Combien	g	…allez-vous en vacances cet été?	
8	Quel	h	…d'enfants avez-vous?	

LANGUAGE FOCUS

Quoi?

There are different ways of using question words in French:

1 Use the statement word order and add the question word at the end:

Ce vase coûte combien?   *How much does this vase cost?*
Elle arrive quand?   *When is she arriving?*

2 Add the expression **est-ce que** after the question word and use the statement word order:

Où **est-ce que** vous allez?   *Where are you going?*
Pourquoi **est-ce qu'**ils apprennent le français?   *Why are they learning French?*

Note that these two ways are only used in informal speech.

Quoi?

3 The formal way of asking questions is to start with the question word and reverse the order of the subject and the verb:

Pourquoi apprennent-ils le français?
Où allez-vous?
Combien coûte ce vase?
Quand arrive-t-elle?

Note that the French use a hyphen (-) between the verb and a subject pronoun (**tu, nous, vous,** etc) and that an extra **t** is inserted between a verb ending with a vowel and the pronouns **il, elle** and **on**:

Où va-**t**-il?	*Where is he going?*
Que mange-**t**-on ce soir?	*What are we eating tonight?*
Quand arrive-**t**-elle?	*When is she arriving?*

E A C Regardez les questions suivantes et essayez de les remettre dans le bon ordre:

1 ce week-end / veux / qu'est-ce que / tu / faire / ?

2 pas / à la maison / nous / pourquoi / ne / restons / ?

3 arrive / ta mère / à quelle heure / est-ce que / ?

4 paires de chaussures / as / combien de / tu / ?

5 au nord de Londres / s'appelle / l'aéroport / comment / ?

6 ils / d'enfants / ont / combien / ?

7 cette année / où / vous / est-ce que / en vacances / partez / ?

8 aimez / la musique classique / vous / est-ce que / ?

F 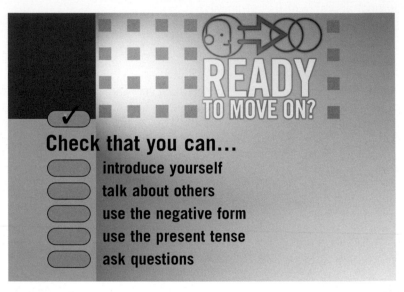 Your teacher will give you a card with three questions. Make sure your partner doesn't see it. Answer the questions in French on a separate piece of paper, then swap answers with your partner. In turn, try to find out what the questions were.

LEARNING TIP:
Je donne ma langue au chat!

When the French play games and don't know the answer to a question, they give in by saying: Je donne ma langue au chat!

READY TO MOVE ON?

✓

Check that you can...
- introduce yourself
- talk about others
- use the negative form
- use the present tense
- ask questions

3 C'est une question de personnalité!

A 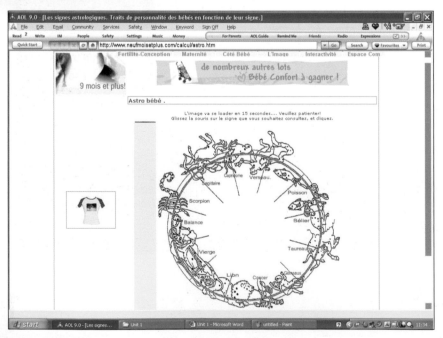 Look at the following page giving details about the personality of new-born babies according to their star signs. Then fill in the gaps on page 14.

Bébé Verseau

21 janvier au 18 février:
Sociable, idéaliste, tolérant, il peut être émotif.

Bébé Poisson

19 février au 20 mars:
Sensible, attentionné, imaginatif, secret, et un peu changeant…

Bébé Bélier

21 mars au 20 avril:
Enfant direct, franc, spontané, volontaire et courageux, impulsif et autoritaire.

Bébé Taureau

21 avril au 21 mai:
Patient et obstiné, il est cependant réaliste, efficace et persévérant. Il est courageux. Prudent et passionné, il aime les choses bien faites, mais il devient parfois obstiné, voire têtu…

Bébé Gémeaux

22 mai au 21 juin:
Curieux, aiguisé, libre, imaginatif et astucieux.

Bébé Cancer

22 juin au 22 juillet:
Sensible, avide de connaissances, imaginatif, charmeur et sincère.

Bébé Lion

23 juillet au 23 août :
Fier, généreux, réaliste et passionné. Actif, curieux et créatif.

Bébé Vierge

24 août au 23 septembre:
Sérieux, rigoureux, patient, il aime les choses bien faites. Il est curieux, attentionné, fidèle et attentif.

Bébé Balance

24 septembre au 23 octobre:
Sociable, constant, perspicace, subtil, sincère et sensible.

Bébé Scorpion

24 octobre au 22 novembre:
Volontaire, fier, exigeant, mais juste, droit, franc, direct.

Bébé Sagittaire

23 novembre au 21 décembre:
Généreux, sociable, idéaliste. Il n'est pas rancunier, il est curieux, intuitif, et dynamique. Enthousiaste, il est d'une compagnie agréable.

Bébé Capricorne

22 décembre au 20 janvier:
Généreux, patient, persévérant. Posé et réfléchi, courageux, fidèle et stable.

Les retrouvailles UNIT 1

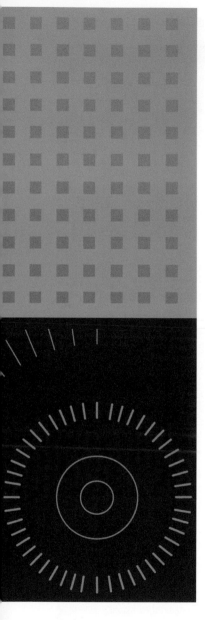

1 This baby will be an efficient and brave person, but quite obstinate – pig-headed even.

Star sign: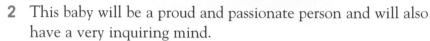

2 This baby will be a proud and passionate person and will also have a very inquiring mind.

Star sign:

3 This baby will be a level-headed and steady person, generous and faithful.

Star sign:

4 This baby will be a sensitive and thoughtful person.

Star sign:

5 This baby will be a spontaneous, headstrong and brave person.

Star sign:

6 This baby will be a headstrong, fair and straightforward person.

Star sign:

7 This baby will be an enthusiastic and generous person with no hard feelings.

Star sign:

LANGUAGE FOCUS

Les adjectifs – rappel

Adjectives are words we use to describe people, things or places. In French these words change their endings, depending on what they are describing, and they usually come after the noun they describe:

The masculine form is the 'raw' form of the adjective (the form you'll find in dictionaries):

un manteau **vert**	*a green coat*
un exercice **difficile**	*a difficult exercise*
un homme **généreux**	*a generous man*
un poulet **gras**	*a fat chicken*

To make an adjective (masculine) plural, simply add **s** at the end of the adjective, unless the singular form already ends in **s** or **x**:

des manteaux vert**s**	*green coats*
des exercices difficile**s**	*difficult exercises*
des hommes généreu**x**	*generous men*
des poulets gra**s**	*fat chickens*

The feminine form is generally made by adding **e** at the end of the adjective, unless the singular form already ends with **e**. Add **es** for feminine plural:

une chemise bleu**e**	*a blue shirt*
des activités difficile**s**	*difficult activities*
des chemises bleu**es**	*blue shirts*

Some adjectives are irregular:

Adjective ending	Masc. sing.	Fem. sing.	Masc. plur.	Fem. plur.
-eux	délicieux	délicieu**se**	délicieux	délicieu**ses**
-il, -en, -on, -el	bon	bon**ne**	bons	bon**nes**
-f	sportif	sporti**ve**	sporti**fs**	sporti**ves**
-eau	beau	b**elle**	be**aux**	b**elles**

Les retrouvailles UNIT 1

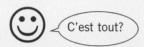

LANGUAGE FOCUS

Les adjectifs – rappel

☺ — C'est tout?

Pas vraiment! Il y a des exceptions. Voici quelques exemples:

Adjective	Masc. sing.	Fem. sing.
old	vieux	vieille
white	blanc	blanche
long	long	longue
mad	fou	folle

B Choisissez trois signes astrologiques dans l'activité 3A et mettez-les au féminin, puis au masculin pluriel:

Exemple:

Verseau: Sociable, idéaliste, toléran**te**, **elle** peut être émot**ive**.
Verseaux: Sociable**s**, idéaliste**s**, tolérant**s**, **ils** peu**vent** être émoti**fs**.

C A C ▷ Lisez les affirmations suivantes et choisissez l'adjectif (ou les adjectifs) qui convient le mieux à chaque situation parmi la liste suivant. (Feel free to add your own.)

> furieux/furieuse   déprimée   tristes   inquiet/inquiète
> heureuse   malades   seule   fatigué/fatiguée
> malheureux/malheureuse   déçu

1 Elle ne sort plus, elle ne voit plus personne, elle est

⬭ .

2 J'ai couru 6 kilomètres ce matin, je suis

⬭ .

3 Il est en retard, il a peut-être eu un accident, je suis

⬭ .

4 Personne ne m'aime, je suis ⬭ .

5 Elle a rencontré l'homme de sa vie, elle est

⬭ .

6 Ils ont perdu leur chat, ils sont ⬭ .

7 Elles ont un rhume et elles toussent, elles sont

⬭ .

8 Quelqu'un m'a volé ma voiture, je suis ⬭ .

9 Elle habite dans un petit village perdu et ne connaît personne, elle est

⬭ .

10 Il a encore raté son examen, il est ⬭ .

LEARNING TIP:
Avant ou après?

Remember that while most adjectives come after the noun they describe, some common adjectives come before the noun. Here are some examples:

petit, grand, gros, jeune, vieux, bon, beau

un petit garçon	*a small boy*
une vieille garde-robe	*an old wardrobe*
un beau bateau	*a lovely boat*

Note that **beau** and **vieux** become **bel** and **vieil** in front of a masculine noun starting with a vowel or a silent **h**:

un bel arbre	*a fine tree*
un vieil homme	*an old man*

Les retrouvailles UNIT 1

D 🎧 ▶ **Huit femmes**. Francis has just been to see the François Ozon film '8 femmes'. Listen to him discussing the characters in the film with his wife, Olivia. For each character, try to give at least three details in English.

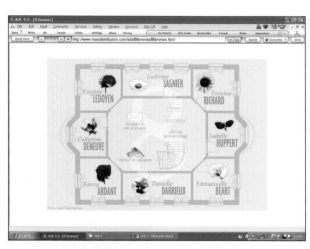

E 🎧 ✍ ▶ Ecoutez encore une fois le dialogue précédent et essayez de compléter les blancs dans le résumé ci-dessous:

1 Francis trouve le film très ⬭.

2 Son personnage préféré, c'est Gaby. C'est une ⬭ femme ⬭. Elle ⬭ pas mal de secrets.

3 Emmanuelle Béart ⬭ le rôle de Louise, la ⬭ femme de chambre. C'est une fille qui ne se laisse pas marcher sur les ⬭.

4 Tous les personnages chantent une ⬭ dans le film. Francis trouve que c'est un peu ⬭, mais ⬭.

5 Dans le film, Augustine est une vieille fille qui ⬭⬭⬭ toujours sur ⬭⬭⬭ . Elle est toujours de ⬭⬭⬭ humeur et crie dans la maison comme une ⬭⬭⬭ .

6 Francis a trouvé le film ⬭⬭⬭ et voudrait le ⬭⬭⬭ avec Olivia la semaine ⬭⬭⬭ .

F 🧠 ▶ Your teacher will place a sticker on your forehead (or back) with a name on it. Try to guess who you are by asking questions about your physical appearance and personality. In the same way, the other group members will ask questions about themselves. Use the present tense plus adjectives for your questions.

Check that you can...
- talk about someone's personality
- use adjectives correctly

Visit our website for further practice on adjectives.

UNIT 1

Les symboles de la France

A Les symboles de la France – remue-méninges!
A quoi vous fait penser le mot 'France'? You have two minutes to jot down in French all the words or symbols that come to mind. Then compare your list with your partner's.

B Lisez les six descriptions à la page suivante et essayez de trouver à quel symbole ils se réfèrent:

a la devise nationale
b le coq
c le drapeau tricolore
d la fête nationale
e Marianne
f la Marseillaise

1 A l'origine chant de guerre révolutionnaire et hymne à la liberté, elle s'est imposée progressivement comme un hymne national. Elle accompagne aujourd'hui la plupart des manifestations officielles.

2 Emblème national de la Vème République, il est né de la réunion, sous la Révolution française, des couleurs du roi (blanc) et de la ville de Paris (bleu et rouge). Aujourd'hui, il flotte sur tous les bâtiments publics; il est déployé dans la plupart des cérémonies officielles, civiles ou militaires.

3 Héritage du siècle des Lumières, la devise « Liberté, Egalité, Fraternité » est invoquée pour la première fois lors de la Révolution française. Souvent remise en cause, elle finit par s'imposer sous la IIIème République. Elle est inscrite dans la constitution de 1958 et fait aujourd'hui partie de notre patrimoine national.

4 Journée révolutionnaire parisienne, le 14 juillet associe aujourd'hui la solennité des défilés militaires et la convivialité des bals et des feux d'artifice. La prise de la Bastille, le 14 juillet 1789, est commémorée en France depuis plus d'un siècle.

5 Bien que la Constitution de 1958 ait privilégié le drapeau tricolore comme emblème national, elle incarne aussi la République Française. Aujourd'hui, elle a pu prendre le visage d'actrices célèbres. Elle figure également sur des objets de très large diffusion comme les pièces de monnaie ou les timbres-poste.

6 Il apparaît dès l'Antiquité sur des monnaies gauloises. Il devient symbole de la Gaule et des Gaulois à la suite d'un jeu de mots, le terme latin « gallus » signifiant à la fois ce symbole et « gaulois ». Il est surtout utilisé à l'étranger pour évoquer la France, notamment comme emblème sportif.

Glossaire

la plupart de	*most of*	**défilé (m)**	*parade/march past*
siècle (m)	*century*	**bien que**	*although*
devise (f)	*motto*	**de large diffusion**	*mass distribution*
remettre en cause	*to raise doubts*	**à l'étranger**	*abroad*
inscrire	*to enter/to write*	**feux (m) d'artifice**	*fireworks*
faire partie de	*to be part of*	**hymne (m)**	*anthem*
patrimoine (m)	*heritage*		

GLOSSARY

Noms

anniversaire (m)	birthday/anniversary
argent (m)	money
assiette (f)	plate
avocat(e) (m/f)	lawyer/solicitor
boîte (f)	company (firm)
bouilloire (f)	kettle
chef (m/f)	manager
chemise (f)	shirt
cheveux (mpl)	hair
comptabilité (f)	accountancy
défilé (m)	parade/march past
devise (f)	motto
étage (m)	floor
feux (mpl) **d'artifice**	fireworks
guerre (f)	war
hymne (m)	anthem
informatique (f)	computing
ordinateur (m)	computer
patrimoine (m)	heritage
relation (f)	affair
réponse (f)	answer
retrouvailles (fpl)	reunion
soie (f)	silk
soirée (f)	evening/party
vaisselle (f)	washing-up
vendeur (m)	salesman
vendeuse (f)	saleswoman
verre (m)	glass/drink

Verbes

s'amuser	to have fun
apprendre	to learn
attendre	to wait
boire	to drink
choisir	to choose
comprendre	to understand
connaître	to know (person/place)
contrarier	to bother
courir	to run
coûter	to cost
croire	to believe
déployer	to unfurl
devenir	to become
devoir	must/to have to
dire	to tell
échanger	to swap
essayer	to try
faire partie de	to be part of
filer	to rush
inscrire	to enter/to write
mettre	to put
nager	to swim
passer	to spend (time)
penser	to think
pouvoir	can/to be able to
prendre	to take
se promener	to walk around
râler	to moan

GLOSSARY

rater	to fail/to miss	mordant(e)	sharp
remettre en cause	to raise doubts	posé(e)	composed
savoir	to know	rancunier(ière)	spiteful
sortir	to go out	sensé(e)	sensible
trouver	to find	sensible	sensitive
vérifier	to check	sympa	kind/great
voir	to see	têtu(e)	stubborn
vouloir	to want	triste	sad
voyager	to travel	vieux (vieille)	old
		volontaire	wilful

Adjectifs

astucieux(euse)	astute
avide de connaissances	eager for knowledge
bon(ne)	good
déçu(e)	disappointed
déprimé(e)	depressed
dingue	crazy
droit(e)	upright
écossais(e)	Scottish
efficace	efficient
émotif(ive)	emotional
exigeant(e)	demanding
fidèle	faithful
fier(ière)	proud
fou (folle)	mad
jeune	young
juste	fair
malade	ill/sick
malheureux(euse)	unhappy
marrant(e)	funny
mauvais(e)	bad
mignon(ne)	cute

Divers

à l'étranger	abroad
bien que	although
car	because
cependant	however
combien	how many/how much
comment	how
de large diffusion	mass distribution
depuis	since/for
dès que	as soon as
donc	so/consequently
il y a du monde	it's crowded
jamais	never
lors	during
mais	but
ou	or
où	where
parce que	because
pendant	during
personne	nobody
pourquoi	why

Les retrouvailles UNIT 1

GLOSSARY

qu'est-ce que	what	**rien**	nothing
quand	when	**souvent**	often
quel	which/what	**vraiment**	really
qui	who		

UNIT 2
On n'est bien que chez soi!

By the end of this unit you will be able to:

- Talk about your home life
- Talk about your social life
- Understand how reflexive verbs are used
- Talk about your origins
- Talk about your area/region
- Understand how the perfect tense is used

1 Vous vous souvenez?

A Trouvez quelqu'un qui... Votre professeur va vous donner une carte. Vous êtes la personne sur cette carte. Regardez les instructions ci-dessous puis, en groupes, posez les questions nécessaires pour découvrir le nom de la personne. **Trouvez:**

- une femme née en janvier et qui est la plus jeune du groupe...
- quelqu'un né(e) en France, marié(e) mais qui n'a pas de petits-enfants...
- un collectionneur de timbres célibataire...
- un homme qui a deux fils, qui est divorcé et qui collectionne les timbres...

→

25

- quelqu'un qui est né(e) au Canada et qui aime passer son temps dans le jardin…
- une femme qui adore regarder le patinage à la télévision et qui n'a plus son mari…
- un Parisien d'origine qui n'a pas d'enfant, qui aime beaucoup sortir et qui n'est pas marié…
- une femme de moins de 60 ans qui a des enfants et qui aime peindre…

B 🎧 ⏵ Ecoutez les descriptions de trois personnages de fiction très célèbres. Pouvez-vous les reconnaître? Cochez (✓) les trois personnages décrits ci-dessous:

Tintin ⬭   Schtroumpfs   Obélix ⬭   Astérix ⬭   Hercule Poirot ⬭

Les Schtroumpfs ⬭   Miss Marple ⬭

C 🎧 🅰🅱🅲 ⏵ Ecoutez encore une fois les descriptions de l'activité précédente et indiquez si les affirmations sont vraies ou fausses:

		Vrai	Faux
1	Obélix est un être fragile et sensible mais susceptible.	⬭	⬭
2	Obélix est mince.	⬭	⬭
3	Tintin est un personnage vaniteux et plutôt lâche.	⬭	⬭
4	Tintin n'est pas grossier.	⬭	⬭
5	Hercule Poirot a les yeux bleus.	⬭	⬭
6	Beaucoup de gens trouvent Hercule Poirot un peu ridicule.	⬭	⬭

2 C'est tous les jours la même chose…

A Lisez les phrases suivantes et essayez de trouver le pictogramme correspondant:

a Je me lève tous les jours à six heures.

b Il se rase chaque matin.

c Nous nous promenons dans le parc.

d Elle se lave les cheveux.

e Ils s'habillent.

f Elles se maquillent.

g Tu te couches à quelle heure en général?

h Comment vous appelez-vous?

On n'est bien que chez soi! UNIT **2**

LANGUAGE FOCUS

Tu te couches trop tard!

Certain verbs in French work with an extra element which, like a mirror, reflects back the subject of the verb. These are called 'reflexive verbs'.

Exemple: Je me demande   *I ask myself (I wonder)*
me is the extra element (pronoun) which reflects back the word **je**.

Sometimes it appears quite logical:

Exemple: **Je me rase** – *I'm shaving myself (I'm having a shave)*

However, many verbs are reflexive for less obvious reasons:

se marier   *to get married*
s'amuser   *to have fun*

Here's how they work:

se réveiller – *to wake up*	**s'inquiéter** – *to be worried*	**ne pas s'amuser** – *not to have fun*
je **me** réveille	je **m'**inquiète	je *ne* **m'**amuse *pas*
tu **te** réveilles	tu **t'**inquiètes	tu *ne* **t'**amuses *pas*
il/elle **se** réveille	il/elle **s'**inquiète	il/elle *ne* **s'**amuse *pas*
nous **nous** réveillons	nous **nous** inquiétons	nous *ne* **nous** amusons *pas*
vous **vous** réveillez	vous **vous** inquiétez	vous *ne* **vous** amusez *pas*
ils/elles **se** réveillent	ils/elles **s'**inquiètent	ils/elles *ne* **s'**amusent *pas*

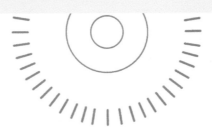

B 🅰🅲 ✎ ▷ Regardez les phrases suivantes. Les mots sont mélangés. Essayez de les remettre dans l'ordre correct d'après la traduction en anglais:

1 prochaine / la semaine / nous / marions / nous
   We are getting married next week.

2 où / les enfants / je / demande / sont / me
   I wonder where the children are.

3 son / à 15h00 / dépêche / est / train / se / elle
   She's hurrying, her train is at 3 pm.

4 pas / les enfants / ne / ennuient / s' / à la plage
   Children don't get bored on the beach.

5 n'est-ce pas? / s' / Robin / il / appelle
   His name is Robin, isn't it?

6 me / si / fâcher / tu / je / continues / vais
   I'm going to get angry if you carry on.

7 les dents / vas / te / tu / brosser / ?
   Are you going to brush your teeth?

C 🎧 ▷ Bernard est dans le bureau de Marie Basson (Directrice des ressources humaines de sa compagnie). Ecoutez leur conversation et essayez de répondre en anglais aux questions suivantes:

1 How long has Bernard been working for the company?

2 What time does he get up in the morning?

3 What time does he finish work?

4 What does he do after work?

5 Who prepares dinner at home?

6 How many children has he got?

7 Which child has problems at school?

8 What do the teachers complain about?

9 What does he do occasionally after work?

10 Why is Marie in a rush?

On n'est bien que chez soi! UNIT **2**

LEARNING TIP:
Tais-toi!

When using the imperative (commands), reflexive verbs follow this pattern:

Lève-toi ! *Get up!* (Note that for regular **-er** verbs in the imperative form, the **s** of the present tense with **tu** has disappeared – tu te lève**s**.)

Levons-nous! *Let's get up!*
Levez-vous! *Get up!*

In the negative form, it becomes:

Ne te fâche pas! *Don't get angry!*

Ne nous fâchons pas! *Let's not get angry!*

Ne vous fâchez pas! *Don't get angry!*

D Ecoutez encore une fois Bernard et Marie, puis essayez de compléter le résumé suivant en utilisant les verbes ci-dessous:

finir	s'asseoir	s'inquiéter
s'intéresser	s'occuper	se retrouver
se sentir	se plaindre	se passer
travailler	se reposer	s'entendre
se demander	s'habituer	préparer

Bernard est dans le bureau de Marie Basson. Elle le prie de
(   ). Bernard (   ) dans la
compagnie depuis trois mois. Son travail (   ) bien,
il (   ) un peu fatigué mais il (   )
au nouveau rythme de travail.

Il (   ) en général à 14h30. Malheureusement, il ne
peut pas (   ) car il (   ) du club
sportif du village. Le soir, sa femme (   ) le repas.

Bernard (   ) des résultats scolaires de son fils. Il a
treize ans mais il ne (   ) à rien et ses professeurs
(   ) de son comportement en classe. Bernard
(   ) si ce n'est pas juste un problème
d'adolescent…

Bernard (   ) bien avec ses collègues.
Ils (   ) pour prendre un café quelquefois après
le travail.

E Travaillez avec un(e) partenaire. Essayez d'obtenir les informations suivantes. Start working on the questions on your own then, in turn, ask your partner these questions in French and note down the answers:

1 Find out what time your partner gets up during the week.

2 Find out what time they get up during the weekend.

3 Find out two things (deux choses) that they do when they get up.

4 Find out what they have for breakfast.

5 Find out what they do when they have a bit of free time.

6 Find out two things they do before (avant de…) they go to bed.

Go to our website for further practice on reflexive verbs and imperatives

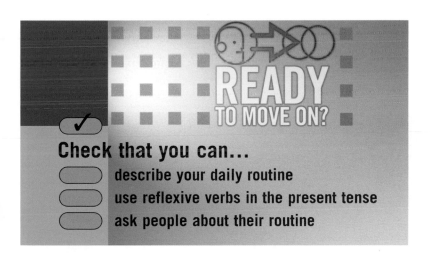

READY TO MOVE ON?

✓

Check that you can...
- describe your daily routine
- use reflexive verbs in the present tense
- ask people about their routine

On n'est bien que chez soi!

3 C'est de l'histoire ancienne

A  Lisez les phrases ci-dessous et essayez de faire correspondre les éléments de gauche avec ceux de droite pour en faire des phrases complètes:

1	Je suis né	a	la biochimie
2	J'ai étudié	b	le 18 août 1970
3	Il a réussi	c	toutes mes économies
4	Elle a raté	d	son concours d'entrée à l'université
5	Il est allé	e	à l'Ecole de Commerce de Lille
6	Ils ont voyagé	f	trois semaines au bord de la mer
7	J'ai dépensé	g	partout en Europe
8	Nous avons passé	h	assez de temps pour finir le projet
9	Ils n'ont pas eu	i	à convaincre ses partenaires

LANGUAGE FOCUS

J'en ai vu de toutes les couleurs

The perfect tense (le passé composé) is used in French to express a single event that happened in the past:

J'ai mangé une pomme.   *I ate an apple.*

French always requires **two** elements to construct 'le passé composé'. In fact, when you say 'I ate an apple', the French say '**I have eaten an apple**'.

Most of the time, French uses the verb **avoir** followed by the past form of the verb (past participle):

J'ai **marché**	*I walked* (literally *I have walked*)
Nous **avons acheté**	*We bought*
Avez-vous **fini** l'exercice?	*Did you finish the exercise?*
Ils n'**ont** pas **perdu** le match.	*They didn't lose the match.*

The rules dictate that verbs ending with :

-er	make their past participles with	**-é**	marche**r** – marché
-ir	make their past participles with	**-i**	choisi**r** – choisi
-re	make their past participles with	**-u**	entend**re** – entendu

Unfortunately there are many irregular verbs. The best thing to do is to learn these as you come across them. Here are some examples:

être	J'ai **été** malade.	*(I was ill.)*
avoir	J'ai **eu** la grippe.	*(I had the flu.)*
prendre	J'ai **pris** de l'aspirine.	*(I took some aspirin.)*
voir	J'ai **vu** le docteur.	*(I saw the doctor.)*
devoir	J'ai **dû** rester au lit.	*(I had to stay in bed.)*
pouvoir	Je n'ai pas **pu** sortir.	*(I couldn't go out.)*
lire	J'ai **lu** trois romans.	*(I read three novels.)*
faire	J'ai **fait** des mots croisés.	*(I did some crosswords.)*

On n'est bien que chez soi! UNIT **2**

B Vous avez visité une cave de dégustation (*wine-tasting cellar*). Voici les instructions pour goûter (*to taste*) un vin. Essayez d'expliquer ce que vous avez fait pendant la dégustation en mettant les verbes *en italique* au passé composé:

Exemple: J'**ai pris** du papier et un crayon.

> Vous *prenez* du papier et un crayon.
> Vous *versez* le vin dans le verre.
> Vous *regardez* attentivement sa couleur.
> Vous *essayez* de différencier les nuances.
> Vous *écrivez* vos remarques.
> Ensuite, vous *tournez* le verre lentement.
> Vous *faites* attention de ne pas renverser le vin.
> Vous *sentez* le vin.
> Vous *identifiez* l'arôme du vin. Vous *notez* vos impressions.
> Enfin, vous *prenez* un peu de vin en bouche.
> Vous *mâchez* le vin.
> Vous *faites* entrer un peu d'air dans la bouche pour intensifier l'arôme.
> Et vous *crachez* le vin dans un seau.
> Vous *donnez* vos impressions générales sur le vin.

C Ecoutez la conversation entre Olivia et Muriel et essayez de corriger les erreurs dans les phrases suivantes.

Exemple: Jérôme a raté son bac.
　　　　　Jérôme a **réussi / eu** son bac.

1　Jérôme a étudié la biochime pendant quatre ans.

2　Il a réussi tous ses examens.

3　Il a quitté Valérie un an plus tard.

4　Jérôme et Valérie ont fait le tour du monde.

5　Ils ont loué une maison.

6　Les problèmes ont commencé. Valérie est devenue boulimique.

7　Valérie a épargné beaucoup d'argent.

8　Muriel est allée chez le frère de Jérôme.

9　Ils ont beaucoup pleuré.

Mrs Van der Tramp and her friends

In activity 3C, you may have noticed that, for the past tense, some verbs did not work with **avoir** but used **être** (*to be*) instead. These verbs are exceptions and have to be learnt individually. Mrs Van der Tramp and her friends will try to help you remember them:

M	mourir (*to die*)	**je suis mort(e)**
R	rentrer (*to go back in*)	**je suis rentré(e)**
S	sortir (*to go out*)	**je suis sorti(e)**
V	venir (*to come*)	**je suis venu(e)**
A	aller (*to go*)	**je suis allé(e)**
N	naître (*to be born*)	**je suis né(e)**
D	descendre (*to go down/to get out of a vehicle*)	**je suis descendu(e)**
E	entrer (*to go in*)	**je suis entré(e)**
R	rester (*to stay*)	**je suis resté(e)**
T	tomber (*to fall*)	**je suis tombé(e)**
R	retourner (*to go back*)	**je suis retourné(e)**
A	arriver (*to arrive*)	**je suis arrivé(e)**
M	monter (*to go up/to get into a vehicle*)	**je suis monté(e)**
P	partir (*to leave*)	**je suis parti(e)**

Note that for verbs using **être**, the past participle has to **agree** with the subject (the 'doer' of the action).

Exemple:

Elle est parti**e** à 16h00.   *She left at 4 pm.*
Véronique et Camille sont sorti**es** en boîte.   *Véronique and Camille went out clubbing.*

Remember that verbs using **avoir** *never* agree with the subject:
Ils ont achet**é** une maison.   *They bought a house.*

But who are Mrs Van der Tramp's friends?
They are all the reflexive verbs (those that work with a 'mirror' reflecting back the subject):

Je me lève – *I get up / I'm getting up*	Elle se souvient – *She remembers*
Je **me suis levé** – *I got up (man speaking)*	Elle **s'est souvenue** – *She remembered*
Je **me suis levée** – *I got up (woman speaking)*	Elles **se sont souvenues** – *They remembered* (feminine plural)

On n'est bien que chez soi!

D  Ecoutez encore une fois la conversation de Muriel et d'Olivia et remettez les phrases suivantes dans l'ordre de la conversation:

1   Jérôme est né le même jour que Muriel.

2   C'est là qu'il a rencontré Valérie.

3   Ils ont acheté une maison.

4   Valérie a commencé un régime.

5   Jérôme et Muriel ont décidé d'emménager ensemble.

6   Jérôme a eu son bac avec mention.

7   Valérie a postulé pour un emploi chez Vorex.

8   Il a épousé Valérie.

9   Muriel est allée chez les parents de Jérôme.

10   Il a étudié la biochimie à l'université de Lille.

11   Valérie et Jérôme se sont séparés.

12   Valérie est devenue dépressive.

13   Jérôme a commencé à travailler chez Vorex.

14   Ils ont été adorables avec elle.

E **Cette soirée là!** Vous souvenez-vous de votre dernière sortie entre ami(e)s ou en couple? Work with a partner. Try to find out from your partner as many details as possible about that night out. Prepare questions using the clues below, then ask and answer the questions in turn... and don't forget, use the 'passé composé'.

Mots à utiliser dans vos questions:

où	est-ce que	rentrer
quand	à quelle heure	s'amuser
comment	aller	parler
qui	porter	prendre
avec qui	boire	
qu'est-ce que	manger	

For further practice on **le passé composé** with **être** and **avoir**, go to our website

4 Je suis Ch'ti… *and I'm a Brummy!*

A Lisez les phrases suivantes et cochez celles qui s'appliquent à votre cas personnel:

J'habite dans une région industrielle.

Je viens d'une région minière.

Je viens d'une région agricole.

Je suis de la campagne.

J'habite dans une grande ville.

Je viens d'une petite ville.

Je viens d'une ville de taille moyenne.

J'habite dans un village.

Je viens d'une région côtière.

Je suis d'une région montagneuse.

Je viens d'une île.

Je suis d'un pays tropical.

LEARNING TIP: 'In' and 'to'

à + town/city
Je vais/suis **à** Londres.

en + country (feminine)
Je vais/suis **en** Belgique.

au + country (masculine)
Je vais/suis **au** Portugal.

dans + county/region
Je vais/suis **dans** le Cantal / **dans** le Sud.

à l' or **au** + points of the compass
Je vais **à l'**ouest/
Je vais **au** sud.

Note that for some French regions (old provinces or larger regions), the French use **en**: **en** Auvergne, **en** Bretagne, etc.

On n'est bien que chez soi!

UNIT **2**

B  Ecoutez deux ou trois fois Jean-Luc Fauvier qui parle de sa ville natale, Lille. Travaillez avec un(e) partenaire et essayez de relier les éléments de gauche avec ceux de droite pour en faire des phrases complètes:

1 Lille est une ville de commerce et d'industrie…

2 En 2004, …

3 Lille a su mélanger une ambiance flamande…

4 Lille a traversé…

5 Auchan…

6 Lille excelle dans les domaines du textile, …

7 Avec un million d'élèves et d'étudiants, …

8 C'est à Lille qu'est né…

9 Euralille…

10 Grâce aux bars, dîners-spectacles et discothèques,…

a … Lille a été Capitale européenne de la Culture.

b … a marqué l'origine des hypermarchés.

c … Lille est le troisième pôle universitaire de France.

d … les occasions de faire la fête ne manquent pas.

e … située aux portes de l'Europe du nord-ouest.

f … de nombreuses crises, guerres et invasions.

g … le premier métro automatique au monde.

h … mais aussi dans les métiers de l'agro-alimentaire et de l'informatique.

i … et une architecture high-tech.

j … est le quartier des affaires au cœur de la ville.

C 🎧✍️ ▶ Ecoutez encore une fois Jean-Luc Fauvier (activité 4B) et essayez de remplir la fiche d'informations suivante en anglais:

City : LILLE
County : NORD–PAS-DE-CALAIS
Number of inhabitants : _____

2001 : _____
2004 : European Capital of Culture

Tourist attractions : Museums, clock towers, _____, _____,
_____, _____.

Industry : Mass distribution (Auchan), _____ (La Redoute), food-
processing industry, _____, _____ and _____.

Finance : _____ ranking financial city in France.

Business centre : Euralille (located in _____).

Transport : First automated metro in the world. High speed trains (one hour from Paris,
_____ from Brussels and _____ from London).

Educational sector : Third university centre in France (1 million pupils and students).

Music and dance : _____

Entertainment : Bars, nightclubs, _____, _____, _____.

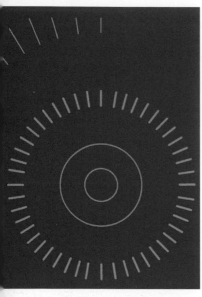

D [A̲Ç] ⊙ Lisez l'article suivant et essayez de répondre aux questions ci-dessous en anglais:

1   What did *La Voix du Nord* newspaper carry out recently?

2   Explain the reference to Charles de Gaulle?

3   What did Dany Boon's parents do for a living?

4   What happened to Dany Boon at the age of 19?

5   What was special about his latest show?

6   How does he describe the 'Ch'ti' language?

7   How did the Northern people perceive this show?

DANY BOON EN CH'TI !

Le journal *La Voix du Nord* a récemment effectué un sondage auprès de 800 personnes pour désigner la personne qui incarne le mieux la région Nord–Pas-de-Calais. Ses habitants ont placé l'humoriste Dany Boon en deuxième place (derrière Charles de Gaulle).

Dany Boon est né Daniel Hamidou à Armentières en juin 1966. Le père de Daniel est chauffeur routier, d'origine kabyle, et sa mère, d'origine française, est femme de ménage à Armentières.

C'est à l'âge de 19 ans qu'il a quitté le Nord pour s'installer à Paris afin de tenter sa chance dans les cafés-théâtres.

Il a décroché ses premiers succès au Lucernaire, au Café de la gare et, enfin, à l'Olympia. Fier de ses origines, il a voulu offrir dernièrement, à l'occasion de ses dix ans de scène, un spectacle de sketches tout en ch'ti intitulé A s' baraque (à la maison), dont le succès a été foudroyant : plus de 200 000 cassettes et DVD ont été vendus.

Dany a su retrouver, sans aucun problème, le patois de son enfance, qu'il maîtrise parfaitement. Le ch'ti, a-t-il expliqué dans *La Voix du Nord*, est *"une langue très théâtrale, très émotive, très gutturale"*. Mais, selon lui, *"le ch'ti est avant tout une manière d'être, une gentillesse"*.

Les gens du Nord se sont visiblement reconnus dans la description, tendre mais non dépourvue d'autodérision, qu'il fait d'eux.

E 🔤 ▶ **L'autre façon de dire les choses.** Regardez les cinq phrases ci-dessous (en italique). Pour chaque phrase, essayez d'identifier l'affirmation (a ou b) qui a le même sens (*the same meaning*). N'hésitez pas à utiliser un dictionnaire:

1 *Le journal* La Voix du Nord *a effectué un sondage:*
   a   Le quotidien *La Voix du Nord* a réalisé une enquête.
   b   L'hebdomadaire *La Voix du Nord* a lancé une investigation.

2 *Dany Boon est né en juin 1966:*
   a   Dany Boon a rendu l'âme en juin 1966.
   b   Dany Boon a vu le jour en juin 1966.

3 *Le succès a été foudroyant:*
   a   Le succès a été médiocre.
   b   Le succès a été rapide et considérable.

4 *Il a quitté le Nord pour s'installer à Paris:*
   a   Il est parti du Nord afin d'emménager à Paris.
   b   Il a déserté le Nord pour s'enfuir à Paris.

5 *Les gens du Nord se sont visiblement reconnus à la description... :*
   a   Les personnes du Nord se sont clairement identifiées à la description...
   b   Les personnes du Nord n'ont évidemment pas reconnu la description...

F 🔊 ✏️ 🗣️ ▶ Et vous, d'où venez-vous? En utilisant le vocabulaire des activités précédentes, essayez de présenter aux autres membres du groupe quelques commentaires sur vos origines.

Here are some guidelines to help you build your presentation:

- Lieu de naissance
- Situation géographique
- Taille de la ville/du village
- Caractéristiques de la région (montagne, mer, etc.)
- Industries (usines, entreprises, etc.)
- Attractions touristiques/loisirs (restaurants, boîtes de nuit, théâtres, etc.)
- Commentaires personnels (ce que vous aimez ou n'aimez pas)

On n'est bien que chez soi! UNIT **2**

41

routard.com

GUIDE ROUTARD MAG PARTIR COMMUNAUTÉ BOUTIQUE :: RECHERCHE

GUIDE

:: Suisse
Accueil
Carte d'identité
Avant le départ
Argent
Cuisine et boissons
Culture
Géographie et climat
Hébergement
Santé et sécurité
Sports et loisirs
Traditions
Transports
Vie pratique
Itinéraires conseillés
À voir, à faire
Liens utiles
Galerie photos
Cartographie

NOUVEAU
• Annonces

:: ROUTARD MAG
Pour en savoir plus sur cette destination
• Evenements
• Infos du monde
→ *Quand prendre le train devient aussi simple que prendre le métro*
→ *Plus de saint-bernard au col du Grand-Saint-Bernard ?*

:: Suisse
:: Accueil

La Suisse a beau ressembler à une petite île plantée au centre de L'Europe (aucune localité n'est éloignée de plus 75 kilomètres à vol d'oiseau), elle n'en offre pas moins une variété de paysages tout à fait étonnante et des populations aux caractères très différents. A l'ouest, de Genève jusqu'au fond du Valais (ou presque) et en montant jusqu'au canton du Jura, les Suisses romands sont incontestablement d'origine latine, même si leur origine se remarque au premier coup d'œil et surtout aux premiers mots qu'ils prononcent… De l'autre côté de la Sarine (un fleuve qui fait un peu office de « frontière ») commence le royaume suisse alémanique, le plus grand et le plus peuplé. A l'est, les Grisons où l'on parle encore, mais peu, le romanche. Et au sud des Alpes, enfin, la Suisse italienne : le Tessin.

Trois zones géographiques donc (le Jura, le Plateau, et les Alpes), quatre langues nationales (l'allemand, le français, l'italien et le romanche), mais aussi 26 cantons et demi-cantons, soit autant de petits Etats, avec chacun ses particularismes et ses coutumes, qui forment la Confédération helvétique. Autant le savoir tout de suite et s'y habituer : ici, le fédéralisme n'est pas un vain mot.

© Anne Steinlein

Autres destinations

:: PARTIR
• Réservez un séjour
• Réservez une voiture
• Réservez un hôtel
• Réservez un camping
• Réservez une auberge de jeunesse

:: SERVICES
• Météo avec TV5.org
• Comment y aller ?
• Se procurer le visa
• Routard assistance
• Forum
• Change et devises

:: BOUTIQUE
• Commander le guide

La Suisse

A **Remue-méninges!** La Suisse: à quoi vous fait penser ce pays? Vous avez deux minutes pour écrire le maximum de mots, choses ou symboles qui vous viennent à l'esprit. Comparez ensuite votre liste avec votre partenaire.

B **Le couteau suisse.** Travaillez en petits groupes. Lisez l'article suivant puis regardez la liste des fonctions (dessins **a**–**m**) qu'un couteau suisse peut offrir. Cochez celles que le couteau suisse ne peut **pas** faire (même si c'est le plus élaboré!)

Attention! N'essayez pas de *traduire* tout le texte.

LE COUTEAU SUISSE

Un des objets cultes du XXᵉ siècle. Une synthèse des vertus suisses : précis, efficace, ergonomique et économique. Dans sa belle livrée grenat, frappée de la croix blanche, il trône à la devanture de toutes les boutiques de la Confédération. Sous les marques Wenger ou Victorinox, on compte pas moins de 500 modèles différents : de la lame unique pour peler les patates à l'arsenal miniature le plus élaboré comportant jusqu'à 33 fonctions. Véritable boîte à outils de poche avec ses sensuels bouts arrondis, il permet de couper, tailler, cisailler, percer, déboucher, ouvrir, visser/dévisser, serrer/desserrer, aiguiser, écailler, démonter, curer les dents et limer les ongles... ou s'orienter (boussole), gratter le fart des skis, nettoyer les clubs de golf, chasser le canard (appeau) et même éclairer (rayon laser pour conférenciers). Le tout également en version pour gauchers. Réputés inusables, ils font constamment l'objet de recherches en innovations à la pointe de la technologie, et leurs fabricants doivent lutter pour dépister les contrefaçons. C'est que, mine de rien, le marché est extrêmement juteux : 100 000 exemplaires sortent chaque jour des fabriques d'Isbach et Delémont!

a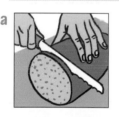
b
c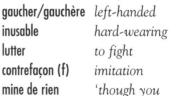

Glossaire

efficace	*efficient*
livrée (f) grenat	*garnet-red livery*
devanture (f)	*shop window*
lame (f)	*blade*
outil (m)	*tool*
bout (m) arrondi	*rounded end*
boussole (f)	*compass*
gaucher/gauchère	*left-handed*
inusable	*hard-wearing*
lutter	*to fight*
contrefaçon (f)	*imitation*
mine de rien	*'though you wouldn't think so'*
juteux	*lucrative (juicy)*

d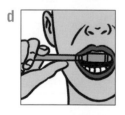
e
f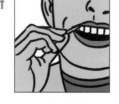

g
h
i

j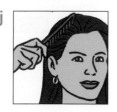
k
l
m

C Ⓐ🄒 ▶ **Vache qui peut!** Lisez le texte suivant puis regardez les affirmations ci-dessous. Sont-elles vraies ou fausses?

Attention! N'essayez pas de *traduire* tout le texte.

VACHE QUI PEUT !

Oubliée l'image de la gentille Marguerite qui regardait paisiblement passer les trains… Dans la réalité, la vache suisse se montre bien plus agressive ! Coups de cornes et de sabots à l'appui, elle ne manque pas de rappeler aux plaisantins son mauvais caractère. Pourquoi tant de haine ? Ce n'est pas à cause de la canicule, ni de la maladie de la vache folle ; elle s'explique tout bêtement par le retour des vaches dans leur pré (vague du bio oblige). Alors que, selon les experts, l'élevage en batterie anesthésierait l'agressivité des vaches devenues de vraies pompes à lait domestiques, dans leur milieu naturel elles retrouvent leur instinct bestial. A en croire le surcroît récent d'agressions bovines signalées par les promeneurs, il est déconseillé de s'égarer dans les alpages helvétiques !

		Vrai	Faux

Glossaire

paisiblement	*peacefully*
coup (m)	*punch/kick*
sabot (m)	*hoof*
à l'appui	*as evidence*
corne (f)	*horn*
plaisantin (m)	*joker*
haine (f)	*hatred*
canicule (f)	*heatwave*
bêtement	*foolishly*
pré (m)	*meadow*
pompe (f) à lait	*milk pump*
élevage (m)	*breeding*
surcroît (m)	*extra/increase*
déconseillé	*not advised*
s'égarer	*to get lost*

1 La vache suisse est un animal paisible.

2 La vache suisse est devenue brutale.

3 La canicule et la maladie de la vache folle sont les causes de cette agressivité.

4 La nourriture 'bio' est à la mode.

5 Les vaches suisses passent aujourd'hui plus de temps dans les prés.

6 L'élevage en batterie augmente l'agressivité des vaches suisses.

7 Les vaches agressent de plus en plus de promeneurs.

GLOSSARY

Noms

agro-alimentaire (m)	food industry
bac (m)	baccalaureate (A level)
beffroi (m)	belfry
boussole (f)	compass
campagne (f)	countryside
canicule (f)	heatwave
comportement (m)	behaviour
coup (m)	punch/kick
couteau (m)	knife
devanture (f)	shop window
don (m)	gift
économies (fpl)	savings
embonpoint (m)	stoutness
enquête (f)	survey
femme (f) **de ménage**	cleaning lady
gaucher/gauchère (m/f)	left-handed person
guerre (f)	war
haine (f)	hatred
île (f)	island
patinage (m)	ice-skating
patois (m)	local dialect
plaisantin (m)	joker
poste (m)	shift
pré (m)	meadow
régime (m)	diet
sens (m)	meaning
vache (f)	cow

Verbes

aiguiser	to sharpen
s'amuser	to have fun
s'asseoir	to sit down
cisailler	to prune
convaincre	to convince
se coucher	to go to bed
cracher	to spit
se curer (les dents)	to pick (teeth)
déboucher	to uncork
se demander	to wonder
démonter	to dismantle
se dépêcher	to hurry
dépenser	to spend (money)
se disputer	to argue
écailler	to scale
éclairer	to light up
s'embrasser	to kiss
emménager	to move in
s'entendre avec	to get on with
épouser	to marry
se fâcher	to get angry
gratter	to scratch
s'habiller	to get dressed
s'habituer à	to get used to
incarner	to play (the part of)
s'inquiéter	to worry
s'intéresser à	to be interested in

On n'est bien que chez soi!

UNIT **2**

GLOSSARY

se lever	to get up	serrer	to tighten
se limer (les ongles)	to file (nails)	se souvenir	to remember
lutter	to fight	tailler	to cut/to trim
mâcher	to chew	se taire	to stop talking
maîtriser	to master	visser	to screw in
se maquiller	to put on make-up		
mélanger	to mix	**Adjectifs**	
s'occuper de	to look after	agricole	agricultural
se passer	to happen	côtier(ière)	coastal
se plaindre	to complain	efficace	efficient
pleurer	to cry	grossier(ière)	rude
postuler	to apply (job)	lâche	coward
prier de	to request	minier(ière)	mining
se raser	to have a shave	moyen(ne)	medium/
rater	to fail/to miss		average
rendre l'âme	to pass away	rusé(e)	cunning
se reposer	to rest	susceptible	touchy
résoudre	to solve		
se retrouver	to meet up	**Divers**	
réussir	to succeed	dépourvu de	devoid of
se réveiller	to wake up	dernièrement	recently
sentir	to smell/to feel	évidemment	obviously
se sentir	to feel	partout	everywhere

UNIT 3
L'argent ne fait pas le bonheur

> **By the end of this unit you will be able to:**
>
> - Talk about money matters
> - Open a bank account
> - Know the difference between **depuis** and **il y a**
> - Use possessive adjectives
> - Make comparisons
> - Use the post office
> - Talk about how you spend your money

1 Vous vous souvenez?

A **Quelle mémoire!** Qu'est-ce que vous avez fait hier soir?
Pensez à **une** activité ('j'ai pris un bain' ou 'je me suis couché(e) tôt', etc).
Formez un cercle avec les autres membres du groupe. Une première personne
annonce au groupe ce qu'elle a fait hier, puis dans le sens des aiguilles
d'une montre (*clockwise*), le deuxième membre du groupe annonce sa phrase
+ celle des personnes précédentes.

Exemple:
Harry: Hier soir, **j'ai fait** la vaisselle.
Jasmeen: Hier soir, je suis restée à la maison et Harry a fait la vaisselle.
Et ainsi de suite… (*And so on…*)

UNIT 3

B  ▶ Travaillez à deux. Lisez le texte à la page 49 et remplissez les blancs en choisissant les mots dans la liste ci-dessous:

> douce
> est
> régler
> bagarreuse
> interposer
> il s'agit d'
> se disputent
> filles
> larmes
> uniquement
> passer
> injuste
> se chuchoter

Mes enfants: ils me prennent pour arbitre...

Elever des filles d'un certain âge _____ une mission parfois ardue, surtout lorsqu' _____ adolescentes. Elles peuvent _____ des journées entières à _____ des secrets et tout à coup, se transformer en de véritables harpies.

Elles _____, deviennent jalouses l'une de l'autre et finissent par vous choisir en définitive pour arbitre. Lorsque votre jugement se fait, forcément l'une n'est pas contente et vous accuse d'être _____ à son égard...

"J'ai deux _____ âgées l'une de 17 ans et l'autre de 15 ans. Mahdia est gentille et _____; par contre, Fadela, la plus jeune, est agressive et _____. Elle pardonne moins à sa sœur une parole dite par inadvertance ou un mot déplacé... Elle est souvent sur le qui-vive.

J'essaie de ne pas m'_____ pour les laisser régler leurs affaires mais malheureusement, ça dégénère rapidement en crises, en injures et en _____. Lorsque je prends le parti de Mahdia, ma cadette m'en veut et ne me parle plus. Elle juge que je préfère sa sœur et me qualifie d'injuste.

Mon époux m'a fait également la remarque. Il est vrai que je protège beaucoup Mahdia mais _____ parce qu'elle ne sait pas se défendre. Seulement, elles sont toutes les deux mes filles et je les aime l'une autant que l'autre. Comment _____ cette situation complexe ?" demande Kamila, une maman de 46 ans.

C  Complétez les phrases suivantes en mettant les verbes (entre parenthèses) au passé composé:

1 Elles (se transformer) en de véritables harpies.

2 Elles (se disputer), (devenir) jalouses l'une de l'autre et (finir) par me choisir pour arbitre.

3 J' (essayer) de ne pas m'interposer pour les laisser régler leurs affaires.

4 Lorsque je (prendre) le parti de Mahdia, ma cadette m'en (vouloir) et ne plus me (parler).

5 Ma fille ne pas (savoir) se défendre.

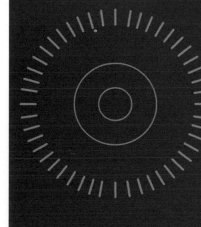

L'argent ne fait pas le bonheur UNIT 3

2 J'ai besoin de liquide

de l'argent
un portefeuille
un carnet de chèques
le taux de change
un guichet de banque
une carte de crédit
un porte-monnaie
un guichet automatique

A  Regardez les pictogrammes ci-dessous et essayez de relier les mots correspondants:

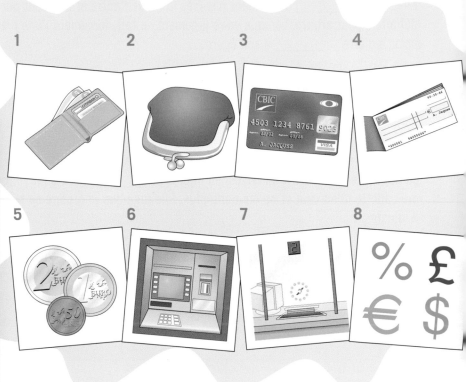

B Muriel et Jérôme se promènent en ville. Ecoutez leur conversation et répondez aux questions suivantes en anglais:

1 What does Muriel say about her colleagues at work?

2 What does Jérôme suggest to Muriel?

3 What does Jérôme need to get first?

4 What problem is Jérôme facing?

5 What does Muriel suggest?

6 What problem is Muriel now facing?

C 🔊 🎲 ▶ Ecoutez encore le dialogue de l'activité 2B et remettez les phrases suivantes dans l'ordre chronologique:

1 Jérôme a faim.

2 Il doit d'abord retirer de l'argent.

3 Il tape son code.

4 Jérôme reprend sa carte.

5 Jérôme insère sa carte.

6 Il ne désire pas de reçu.

7 La banque ne peut pas traiter sa demande.

8 Il invite Muriel au restaurant.

9 Jérôme et Muriel trouvent un guichet automatique.

10 Il sélectionne 'français'.

11 Il choisit de retirer 70 €.

🎧 LANGUAGE FOCUS

Elle a oublié son code!

In French, the possessive adjectives (*my*, *your*, *his*, *her*, *its*, *our* and *their*) agree with the noun that follows and change according to the gender and the number of this word:

the wallet – **le** portefeuille (*masculine*)
my wallet – **mon** portefeuille

the credit card – **la** carte de crédit (*feminine*)
my credit card – **ma** carte de crédit

the cheques – **les** chèques (*plural*)
my cheques – **mes** chèques

L'argent ne fait pas le bonheur UNIT **3**

LANGUAGE FOCUS

	portefeuille	*carte*	*chèques*
	(masculine)	(feminine)	(plural)
my	mon	ma	mes
your	ton	ta	tes
his/her/its/one's	son	sa	ses
our	notre	notre	nos
your	votre	votre	vos
their	leur	leur	leurs

You'll see from this table that **sa** carte can mean *his, her, its* or *one's* card.

Note also that if a **feminine** *singular* word starts with a vowel or a silent **h**, the French use the **masculine** form of the possessive adjective:

Mon audition s'est bien passée.
La guerre dans toute **son h**orreur …
Ton amie est très jolie.

My audition went well. (audition is feminine)
War in all its horror … (horreur is feminine)
Your friend is very pretty. (amie is feminine)

D Complétez les phrases suivantes avec la forme correcte de l'adjectif possessif entre parenthèses:

1 Nous avons transféré ⬭⬭⬭⬭ (our) salaire sur ⬭⬭⬭⬭ (our) compte.

2 Tu as reçu ⬭⬭⬭⬭ (your) nouvelle carte de crédit?

3 J'ai laissé ⬭⬭⬭⬭ (my) porte-monnaie dans ⬭⬭⬭⬭ (your) voiture.

4 Vous avez ⬭⬭⬭⬭ (your) passeport, madame?

5 Elle a laissé ⬭⬭⬭⬭ (her) passeport dans ⬭⬭⬭⬭ (her) valise.

6 ⬭⬭⬭⬭ (our) enfants ont un compte-épargne.

7 On m'a volé tous ⬭⬭⬭⬭ (my) chèques de voyage.

8 J'ai besoin de ⬭⬭⬭⬭ (her) adresse email.

E 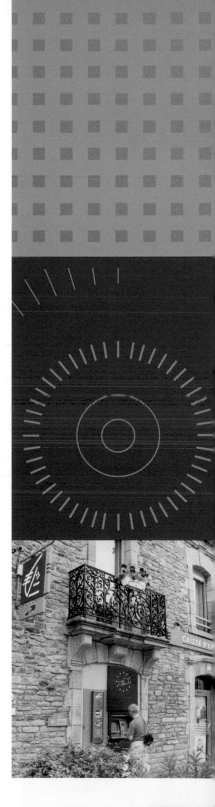 Travaillez avec un(e) partenaire. Regardez le dialogue suivant et suivez les instructions données:

Maurice: Mais qu'est-ce qui vous arrive? Il y a quelque chose qui ne va pas?

Vous: Say that you're annoyed, the cashpoint machine swallowed your card.

Maurice: Ce n'est pas grave… Allez donc à la banque pour la récupérer!

Vous: Say that you don't understand, you put the card in, entered the PIN number…

Maurice: Vous avez tapé le bon code?

Vous: Say of course… or maybe not. Say that you remember now, you entered your previous PIN number.

Maurice: Vous savez, ce n'est pas la fin du monde, ça arrive à tout le monde…

Vous: Say that you know, but you really need some cash to take the children to the cinema tonight.

Maurice: Voulez-vous que je vous prête un peu d'argent? De combien avez-vous besoin?

Vous: Say that for the tickets and the popcorn, you need about €30.

Maurice: Et bien voilà, 10, 20 et 30 €…

Vous: Say that you're going to write him a cheque… but you've left your chequebook at home.

Maurice: Ne vous inquiétez pas, revenez plus tard dans la semaine.

Vous: Thank him and say that you'll pop in (je passerai) tomorrow with some cash.

L'argent ne fait pas le bonheur UNIT 3

3 Ouvrir un compte

A A C ▶ **Cliquez sur…** Regardez la page d'accueil du site de la *Société Générale* et répondez aux questions suivantes:

1 You want to check your current account online. Click on…

2 You're interested in getting a loan. Click on…

3 You run a company and want to know more about *Société Générale's* range of services. Click on…

4 As a self-employed baker, you want some general information about the bank's services. Click on…

5 As a self-employed farmer, click on…

6 You are a company and want to check your accounts and the Stock Exchange. Click on…

B 🗣️ 👥 ✍️ ▶ Travaillez avec un(e) partenaire. Voici le formulaire nécessaire pour ouvrir un compte en banque. Simulez un jeu de rôle: vous êtes un(e) employé(e) de banque et votre partenaire est un(e) client(e) anglais(e) qui désire ouvrir un compte courant. Posez les questions nécéssaires (en français) à votre partenaire et remplissez le formulaire avec ses détails.

DEMANDE D'OUVERTURE DE COMPTE COURANT

BRS

Si vous n'êtes pas encore client de la Banque Régionale du Sud, l'un de nos Conseillers vous contactera pour convenir d'un rendez-vous en agence.

Si vous êtes déjà client, nous transmettrons cette demande à votre Conseiller. Il vous contactera dans les meilleurs délais afin de finaliser votre ouverture de compte.

Les champs en gras sont obligatoires

○ **Mme**   ○ **Mlle**   ○ **M.**

Nom : [_____]
Nom de jeune fille (obligatoire si Mme sélectionné) :
[_____]

Prénom : [_____]

Date de naissance (jj/mm/aaaa) : [_____]
Téléphone où vous êtes le plus facilement joignable :
[_____]

Adresse e-mail : [_____]
Lieu de naissance ○ En France   ○ A l'étranger
Département de naissance : [_____]
Commune de naissance : [_____]
Pays de naissance (uniquement si vous êtes né(e) à l'étranger) : [_____]
Nationalité : [_____]
Profession : [_____]

Catégorie socio-professionnelle :
○ Etudiant   ○ Employeur
○ Indépendant salarié
○ Salarié de l'Etat ou service public
○ Salarié d'établissement privé
○ Autres
Si vous êtes étudiant, études suivies :
[_____]

Merci de nous préciser l'agence où vous souhaitez ouvrir un compte : [_____]
Souhaitez-vous réserver un chéquier ? ○ Oui ○ Non
Si vous souhaitez également réserver une carte de paiement, merci de nous préciser le type :
○ Carte Visa Premier
○ Carte Bleue Visa (utilisable en France et à l'international)
○ Carte Bleue Nationale (utilisable uniquement en France)
○ Vous certifiez exactes les informations saisies. L'ouverture de votre compte ne sera effective qu'après votre passage en agence. La Banque Régionale du Sud se réserve le droit de ne pas donner suite à cette demande.
Commentaires / besoins particuliers :
[_____]

Vous souhaitez recevoir des informations sur nos produits par e-mail   ○ Oui ○ Non

---

L'argent ne fait pas le bonheur UNIT **3**

C 🎧 ► Sarah Johnston a un rendez-vous avec le directeur de la banque afin d'ouvrir un compte courant. Ecoutez leur conversation et répondez aux questions suivantes:

1 How long has Sarah been in Quimper for?
   a   two days
   b   two weeks
   c   two months

2 How many years ago did she live in Lyon?
   a   five years
   b   seven years
   c   ten years

3 How old are her two children?
   a   11 and 13
   b   12 and 14
   c   11 and 12

4 What four documents did Sarah bring along?
   a   a driving licence
   b   a passport
   c   a gas bill
   d   a pay slip
   e   an electricity bill
   f   a motor insurance certificate
   g   a letter of reference from her bank

5 What two assets do Sarah and her husband have?
   a   a flat in Quimper
   b   a flat in Birmingham
   c   a house in Birmingham
   d   a flat in Lyon

6 What are the brochures that M. Nollot gave to Sarah about?
   a   investments
   b   the Stock Exchange
   c   online banking
   d   loans
   e   savings accounts
   f   mortgages

LANGUAGE FOCUS

Depuis and *Il y a*

1 Depuis – *since, for*

Examples: I have been doing French for two years.

I'm (still) doing …
Je fais …

We have been living in Brittany since January.

We (still) live …
Nous vivons (habitons) …

Use **depuis** (*since/for*) when the action is still going on:
Je **fais** du français **depuis** deux ans.
Nous **vivons** en Bretagne **depuis** janvier.

Note that in the negative form, the French use the perfect tense (le passé composé):
Je **n'ai pas fait** de français **depuis** deux ans.
I haven't done/haven't been doing French for two years.
Nous **ne sommes pas allés** en Bretagne **depuis** janvier 2004.
We haven't been to Brittany since January 2004.

2 Il y a… *… ago*

Examples: I studied French 20 years ago.

… **il y a 20 ans.**

A long time ago, they went to Spain.

Il y a longtemps …

Use **il y a** (*ago*) to describe how long ago something happened:
J'ai étudié le français **il y a** 20 ans.
Il y a longtemps, ils sont allés en Espagne.

L'argent ne fait pas le bonheur UNIT 3

D 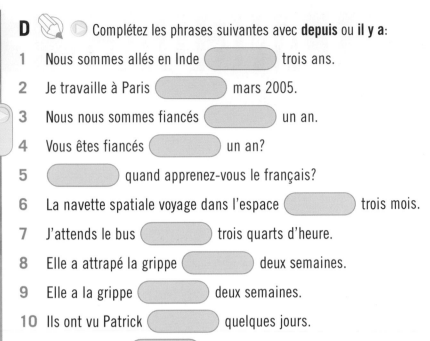 Complétez les phrases suivantes avec **depuis** ou **il y a**:

1 Nous sommes allés en Inde ⟨_____⟩ trois ans.

2 Je travaille à Paris ⟨_____⟩ mars 2005.

3 Nous nous sommes fiancés ⟨_____⟩ un an.

4 Vous êtes fiancés ⟨_____⟩ un an?

5 ⟨_____⟩ quand apprenez-vous le français?

6 La navette spatiale voyage dans l'espace ⟨_____⟩ trois mois.

7 J'attends le bus ⟨_____⟩ trois quarts d'heure.

8 Elle a attrapé la grippe ⟨_____⟩ deux semaines.

9 Elle a la grippe ⟨_____⟩ deux semaines.

10 Ils ont vu Patrick ⟨_____⟩ quelques jours.

11 On se connaît ⟨_____⟩ toujours.

12 Je n'ai pas fumé une seule cigarette ⟨_____⟩ deux mois.

E  **Remue-meninges!** Travaillez avec un(e) partenaire. Regardez chacune des phrases suivantes et essayez d'imaginer la suite. You can add elements introducing consequences, using:

donc / alors / ainsi / par conséquent / pour cette raison / c'est pourquoi…

1 Il pleut depuis trois jours…

2 Je n'ai pas bu un seul verre d'alcool depuis deux semaines…

3 Je suis allé(e) en France il y a un an…

4 Je suis resté(e) coincé(e) (*stuck*) dans l'ascenseur pendant 10 minutes…

5 Je pars en Afrique pour trois semaines…

6 Je n'ai pas parlé à mon meilleur ami/ma meilleure amie depuis longtemps…

RELEVE DE COMPTES
REMISE DE CHEQUES

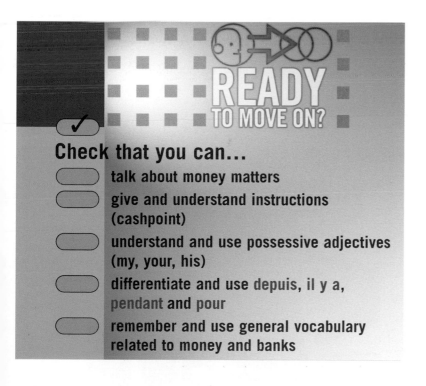

READY TO MOVE ON?

Check that you can...

- talk about money matters
- give and understand instructions (cashpoint)
- understand and use possessive adjectives (my, your, his)
- differentiate and use depuis, il y a, pendant and pour
- remember and use general vocabulary related to money and banks

L'argent ne fait pas le bonheur UNIT **3**

4 Mais ils sont timbrés!

A  Hervé est à la poste. Ecoutez sa conversation puis lisez les affirmations suivantes. Sont-elles vraies ou fausses?

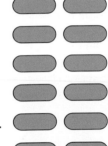

LEARNING TIP:
Un timbre à 0,75 €, une pièce de 1 €

When buying or choosing something that is available at different prices (stamps, bunches of flowers, restaurant menus, phone-cards, etc.), introduce the value of the item selected with **à**:

un timbre **à** 0,50 €
a € 0.50 stamp
le menu **à** 15 €
the € 15 menu

But if you wish to state what something is worth (acquired and fixed value), then introduce the value with **de**:

une pièce **de** 2 €
a € 2 coin
une maison **de** 500.000 €
a house worth € 500,000

	Vrai	Faux
1 Hervé désire envoyer un colis.		
2 Le paquet pèse 150 grammes.		
3 Le service 'économique' est moins cher mais plus lent.		
4 Hervé choisit le service 'économique'.		
5 Hervé voudrait aussi envoyer une lettre en recommandé.		
6 Le 'recommandé' coûte 13 €.		
7 Il achète aussi des timbres.		
8 Un timbre coûte 0.50 €.		

LANGUAGE FOCUS

Ni plus ni moins…

To make comparisons, the French use **plus … que …** (*more … than …*), **moins … que …** (*less … than …*) and **aussi … que …** (*as … as …*).

Exemples:
La Tour Eiffel est **plus** haute **que** Big Ben.
Mon appartement est **moins** cher **que** ta maison.
Ta cuisine est **aussi** grande **que** tout mon appartement.

Note the exceptions:

bon (*good*) → **meilleur** (*better*)
mauvais (*bad*) → **pire** (*worse*)
bien (*well*) → **mieux** (*better*)
mal (*badly*) › **pire** (*worse*)

To say *the most …* or *the least …*, simply add the article **le**, **la** or **les** in front of **plus** or **moins**. Generally, the French start by stating the noun they're referring to followed by **le plus …**, **la moins …**

Exemples:
La montagne **la plus** haute d'Europe est le Mont-Blanc.
The highest mountain in Europe is Mont Blanc.
(*literally: The mountain the highest in Europe is the Mont-Blanc*)
Sur cette photo, la personne **la plus** âgée est ma grand-mère.
On this photo, the oldest person is my grandmother.
(*literally: the person the oldest*)

B Complétez les phrases suivantes avec les comparatifs et superlatifs entre parenthèses:

1   Une voiture est ( ) qu'un vélo. (more expensive)

2   Au volant, les Anglais sont ( ) que les Français. (more courteous)

3   En hiver, il fait ( ) à Moscou qu'à Paris. (colder)

4   Londres est la capitale ( ) du monde. (the most expensive)

5   Un melon est ( ) qu'une orange. (sweeter)

6   Mon frère est ( ) que moi. (as tall)

7   Quelle est la ville ( ) de France? (the least polluted)

8   Cet exercice est ( ) que les autres. (as easy)

9   Pour moi, le paracétamol n'est pas ( ) que l'aspirine. (as effective)

10 En français, je suis ( ) de ma classe! (the best)

L'argent ne fait pas le bonheur UNIT 3

ACCESS FRENCH 2

Our website has further practice on comparisons

C 🗣️ ✏️ 🗣️▶️ Voici deux familles. Travaillez avec votre partenaire et, chacun(e) à votre tour, faites une comparaison entre ces deux familles. Pour vous aider, voici quelques adjectifs:

> riche   pauvre   souriant   chic   cher   bon marché
> beau   joli   grand   petit   élégant   débraillé
> mal coiffé   aimable   simple   mince   gros

D 🎲 🔊 ▶ Voici le dialogue de l'activité 4A divisé en deux parties: Françoise (1–7) et Hervé (a–g). Essayez de reconstituer le dialogue (notez que la partie de Françoise, ci-dessous, est dans l'ordre correct), puis réécoutez le dialogue pour vérifier vos réponses.

1 **Françoise:** Bonjour monsieur, vous désirez?

2 **Françoise:** D'accord, posez-le sur la balance… 250 grammes. Vous désirez l'envoyer en 'rapide' ou 'économique'?

3 **Françoise:** Et bien, en 'économique', le service est plus lent mais c'est moins cher.

4 **Françoise:** En 'économique', c'est 1,40 euros et en 'rapide', c'est un peu plus cher. Ça fait 1,90 euros mais le paquet arrivera demain.

5 **Françoise:** D'accord, alors… ça fait 3 euros pour le recommandé, plus 1,30 euros pour l'accusé de réception. C'est tout, monsieur?

6 **Françoise:** Voilà monsieur, alors ça fait en tout… 11,20 euros monsieur, s'il vous plaît.

7 **Françoise:** Alors 20 euros… 11,50 euros, 12, et 3 quinze, et 5 qui font 20. Merci monsieur, au revoir.

a **Hervé:** Voilà!

b **Hervé:** Bonjour madame … oui, voilà, je voudrais envoyer ce petit paquet à Annecy.

c **Hervé:** Merci. Au revoir, madame.

d **Hervé:** OK, alors en 'rapide', s'il vous plaît. Et puis, je voudrais envoyer cette lettre en recommandé avec accusé de réception.

e **Hervé:** Je ne sais pas, c'est quoi la différence?

f **Hervé:** Non, il me faut aussi dix timbres à 50 centimes.

g **Hervé:** D'accord et c'est combien?

L'argent ne fait pas le bonheur UNIT **3**

ACCESS FRENCH 2

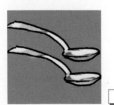

E 🔲 ▶ Florent Pagny est un artiste français qui, il y a quelques années, a eu de graves problèmes avec le fisc (*tax department*). En signe de protestation il a écrit cette chanson quand les huissiers (*bailiffs*) sont venus saisir (*to seize*) ses biens.

Lisez les paroles de la chanson et cochez (*tick*) les biens/articles qu'il est prêt à donner au fisc:

Florent Pagny
Ma liberté de penser

Quitte à tout prendre prenez mes gosses et la télé,
Ma brosse à dent, mon revolver, la voiture ça c'est déjà fait,
Avec les (interdits bancaires), prenez ma femme, le canapé,
Le micro-ondes, le frigidaire,
Et même jusqu'à ma vie privée
De toute façon (à découvert),
Je peux bien (vendre) mon âme au Diable,
Avec lui on peut (s'arranger),
Puisque ici tout est négociable, mais vous n'aurez pas,
Ma liberté de penser.

Prenez mon lit, les disques d'or, ma bonne humeur,
Les petites cuillères, tout ce qu'à vos yeux a de la (valeur),
Et dont je n'ai plus rien à faire, quitte à tout prendre n'oubliez pas,
Le shit planqué sous l'étagère,
Tout ce qui est beau et compte pour moi,
J'préfère que ça parte à l'Abbé Pierre,
J'peux donner mon corps à la science,

S'il y a quelque chose à (prélever),
Et que ça vous donne bonne conscience, mais vous n'aurez pas,
Ma liberté de penser.

Ma liberté de penser.

J'peux vider mes poches sur la table,
Ça fait longtemps qu'elles sont trouées,
Baisser mon froc j'en suis capable, mais vous n'aurez pas,
Ma liberté de penser.

Quitte à tout prendre et tout (solder),
Pour que vos petites affaires s'arrangent,
J'prends juste mon pyjama rayé,
Et je vous fais cadeaux des oranges,
Vous pouvez même bien tout garder,
J'emporterai rien en enfer,
Quitte à tout prendre j'préfère y aller,
Si le paradis vous est offert,
Je peux bien vendre mon âme au diable,
Avec lui on peut s'arranger,
Puisque ici tout est négociable, mais vous n'aurez pas,
Non vous n'aurez pas,
Ma liberté de penser.
Ma liberté de penser.

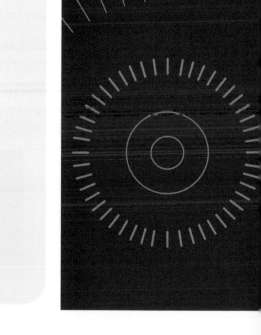

F A C Regardez les mots surlignés dans le texte. Ils ont tous un rapport avec l'argent ou la banque. Avec l'aide d'un dictionnaire, recherchez le sens (*the meaning*) de ces mots.

When using a dictionary, always pay attention to the context of the word you are looking up. Words can sometimes have different meanings.

ACCESS **FRENCH 2**

Look at our website for further links

G Et vous, comment dépensez-vous votre argent?

Travaillez avec un(e) partenaire. Essayez de lui poser le maximum de questions nécessaires pour obtenir des informations sur…

Shopping
Noël dernier (combien, quoi, pour qui?)
La plus grosse dépense (quoi, pour qui?)
Méthode de paiement préférée (pourquoi?)

Loterie
Jouer à la loterie/au casino/aux courses? (quand, combien?)
Gagner à la loterie/au casino/aux courses? (quand, combien?)

Œuvres de charité
Don d'argent (quand, qui, comment, pourquoi?)
Membre d'une association (qui, où, quand, pourquoi?)

READY TO MOVE ON?

✓

Check that you can…
- buy stamps in France
- ask for a packet/parcel to be sent
- ask for a letter to be sent by recorded delivery
- make comparisons within different contexts
- talk about how you spend your money

routard.com

GUIDE   ROUTARD MAG   PARTIR   COMMUNAUTÉ   BOUTIQUE   :: RECHERCHE

GUIDE

:: Belgique
- Accueil
- Carte d'identité
- Avant le départ
- Argent
- Cuisine et boissons
- Culture
- Géographie et climat
- Hébergement
- Sports et loisirs
- Traditions
- Transports
- Vie pratique
- Itinéraires conseillés
- À voir, à faire
- Liens utiles
- Galerie photos
- Cartographie

::: NOUVEAU
- Annonces

:: ROUTARD MAG

Pour en savoir plus
sur cette destination
- Evenements
- Infos du monde
→ Thalys adopte le
billet électronique
→ Un samedi soir sur
Bruxelles avec
Thalys
→ Haro sur les
centimes d'euro

:: Belgique

:: Accueil

Un pays, trois régions, trois communautés linguistiques. Au-delà du périmètre d'arrosage du Manneken-Pis, bien plus loin que les ors de la Grand-Place, c'est une vraie balade exotique que la Belgique nous offre : au cœur du quartier des Marolles à Bruxelles où l'on chante dans les cafés le dimanche matin après les puces, dans le dernier théâtre de marionnettes à tringles... pour continuer à rêver. " Vlaanderen ", les Flandres, que l'on découvre à vélo en suivant les méandres alanguis de ses cours d'eau, puis Bruges et Gand qui ont su conserver leurs merveilles ciselées dans la pierre.

En Wallonie, un soir d'insomnie, passez donc à Liège, où les rues sont pleines de joyeux étudiants toujours prêts à partager le verre de l'amitié. À Binche, les jours de carnaval, on se lance des oranges. Plat pays certes, mais son relief, ce sont ses habitants qui le lui donnent !

© Manolo Mylonas

Autres destinations

:: PARTIR
- Réservez un séjour
- Réservez une voiture
- Réservez un vol
- Réservez un hôtel
- Réservez une auberge de jeunesse
- Réservez votre billet de train

:: SERVICES
- Météo avec TV5.org
- Comment y aller ?
- Se procurer le visa
- Routard assistance
- Forum

:: BOUTIQUE
- Commander le guide

start   AOL 9.0 - [:: Routard...   Unit 3   Unit 3 - Microsoft Word   untitled - Paint   12:0

La Belgique

A Lisez les informations suivantes à la page 68 sur le folklore et les traditions belges, puis essayez de répondre aux questions ci-dessous en anglais:

1   What events are said to be part of the Belgian cultural heritage?

2   Who are the 'Giants'?

3   When and where does the 'Procession of the Witches' take place?

4   Where and when should you go to find your soulmate?

5   What three drinks have their festival in Belgium?

6   What kind of shows are you also recommended to see in Brussels and Liège?

UNIT 3

FÊTES ET FOLKLORE

Les carnavals, tout sauf un spectacle

Le carnaval fait partie du patrimoine culturel. Durant le Mardi Gras, en Wallonie, il se célèbre dans pas moins de 17 endroits différents. Organisés selon des traditions séculaires, où chaque costume, chaque accessoire est arboré selon une codification rigoureuse, ils sont suivis par une foule innombrable qui accompagne avec ferveur les évolutions des participants.

On distingue trois types de carnavals :
– ceux de la tradition rhénane dans les cantons de l'est (Eupen) ;
– ceux de la tradition wallonne (Binche, Malmedy) ;
– ceux du Laetare à la mi-carême (Fosses-la-Ville, Stavelot).

Les géants

Les sorties de géants mettent en scène des personnages issus de la tradition orale des légendes et faits d'armes. On peut citer la célèbre procession des géants d'Ath qui a lieu le 4ème dimanche d'août.

Les processions

Chaque village ayant son saint patron, les occasions abondent pour promener ses reliques en commémoration de quelque épidémie de peste, ou de quelque vœu fait par un chevalier au retour de Terre sainte.

La plus célèbre est la fastueuse procession du Saint-Sang qui a lieu à Bruges le jour de l'Ascension. Elle commémore le retour de Thierry d'Alsace de la 2e croisade en 1150. Solennel et mystique !

Et encore...

– En mai, nombreuses plantations de « l'arbre de mai » *(meiboom)* !
– A Beselare, près d'Ypres, le dernier dimanche de juillet, cortège des Sorcières.

Liesses

– Si vous cherchez l'âme sœur, vous aurez peut-être une chance en vous rendant au célèbre « goûter matrimonial d'Écaussines Lalaing », le lundi de Pentecôte.
– Le *péket* (genièvre) coule à flots à Liège dans le quartier d'Outremeuse pour les fêtes du 15 août. Titubations garanties pendant trois jours !
– Alors qu'à Arlon (fin mai) les libations se déroulent à l'occasion de la fête du Maitrank (vin blanc), la bière s'engloutit par centaines d'hectolitres lors des fêtes bruegheliennes de Wingene (dernier dimanche d'août, tous les deux ans ; la prochaine est cette année).
– La communauté française célèbre ses fastes à Namur.
– Les feux de carême sont allumés à Bouge, près de Namur, pour célébrer le retour de la lumière.

Spectacles de marionnettes

Il convient de vous recommander aussi les spectacles de marionnettes.
– A Bruxelles, *Toone VII* perpétue le répertoire des grands classiques.
– A Liège, les amateurs iront écouter *Tchantchès*.

B Ⓐ Ⓒ ▶ **Savoir-vivre...** Lisez les informations suivantes à la page 69 puis lisez les affirmations ci-dessous. Sont-elles vraies ou fausses?

	Vrai	Faux
1 Some banks are open until 7 pm on Fridays.		
2 You will always find public telephones in post offices.		
3 In Belgium, the best day for shopping is Sunday.		
4 The Belgian national day is on 21st July.		
5 Always give two kisses to your Belgian friends when you greet them.		

6 If you are invited for coffee, your Belgian friends will expect you at 11 am.

7 Wearing shorts on the main square in Brussels is a tradition.

8 Give a tip to public toilet attendants.

9 You may smoke in public places.

Horaires

- *Les banques* sont accessibles du lundi au jeudi de 9 h à 15 h 30. Certaines ferment pendant l'heure du déjeuner. Le vendredi, la fermeture se fait plus tard, parfois à 19 h. Quelques-unes assurent une permanence le samedi matin.
- *Les bureaux de poste :* ouverts de 9 h à 12 h et de 14 h 30 à 16 h ; de 9 h à 17 h dans les grands centres. Attention, vous ne trouverez pas forcément de téléphone dans les bureaux de poste, ces organismes occupent des bâtiments différents.
- *La plupart des magasins* ouvrent vers 9 h ou 10 h et ferment vers 18 h ou 19 h. Les grandes surfaces prolongent l'ouverture jusqu'à 20 h et même 21 h le vendredi. Tout est fermé le dimanche, mais dans les grandes villes fonctionnent des *night shops* qui peuvent vous dépanner 24 h/24.
- *Jours fériés :* 1er janvier, lundi de Pâques, 1er mai, Ascension, lundi de Pentecôte, 21 juillet (fête nationale), 15 août, 1er novembre, 11 novembre, 25 décembre. Les « fêtes de communauté » peuvent provoquer la fermeture de services officiels. Celle des Flamands a lieu le 11 juillet, celle des francophones le 27 septembre

Savoir-vivre

- Au téléphone, dans la rue, annoncez d'emblée que vous ne connaissez pas le flamand, et que vous n'êtes pas belge francophone ; cela évitera les malentendus.
- On embrasse la personne de sexe opposé sur la joue une ou trois fois (pas deux).
- Ne dénigrez pas la famille royale, c'est de mauvais goût !
- Ne prenez pas ce que vous croyez être l'accent belge, on vous repérera tout de suite.
- Dans les rapports professionnels, la simplicité est de mise et les rapports hiérarchiques peu ostentatoires.
- Etre invité pour prendre le café veut dire passer vers 16 h 30.
- La pondération et la courtoisie ne sont pas de la lenteur d'esprit.
- Les retards intempestifs ne sont pas de mise, seul le « quart d'heure académique » est toléré.
- Se balader en short sur la Grand-Place à Bruxelles est du dernier plouc !
- Au ciné, on glisse 0,5 euro à l'ouvreuse qui vous donne le programme et Madame Pipi s'attend à recevoir 0,25 euro. Il est interdit de fumer dans tous les lieux publics.

GLOSSARY

Noms

âme sœur (f)	soulmate	**Bourse** (f)	Stock Exchange
arbitre (m/f)	referee (game)	**carnet** (m) **de chèques**	chequebook
argent (m)	money	**chéquier** (m)	chequebook
balance (f)	scales	**chevalier** (m)	knight
		colis (m)	parcel

GLOSSARY

compte (m) courant	current account	être sur le qui-vive	to be on the alert
compte-épargne (m)	savings account	insérer	to insert
dépense (f)	expenditure	se laisser faire	not to do anything
emprunt (m)	loan	patienter	to wait
emprunt (m) immobilier	mortgage	peser	to weigh
facture (f)	bill/invoice	protéger	to protect
fiche (f) de salaire	salary slip	qualifier de	to describe as
foule (f)	crowd	régler	to settle
guichet (m)	counter	retirer	to withdraw
guichet (m) automatique	cashpoint	taper	to type (in)
injure (f)	insult	traiter	to process
larme (f)	tear	s'en vouloir	to be annoyed with oneself
liquide (m)	cash		
patrimoine (m)	heritage		
peste (f)	plague		

Adjectifs

ardu(e)	difficult
bagarreur(euse)	aggressive
cadet (frère)	younger (brother)
débraillé(e)	untidy (person)
doux (douce)	sweet (person)
séculaire	centuries-old
souriant(e)	smiling

placement (m)	investment
portefeuille (m)	wallet
porte-monnaie (m)	purse
prêt (m)	loan
sorcière (f)	witch
timbre (m)	stamp
vœu (m)	wish

Verbes

s'abonner à	to subscribe to
arborer	to wear
avaler	to swallow
avoir besoin de	to need
avoir de la chance	to be lucky
avoir peur de	to be afraid of
avoir raison	to be right
avoir tort	to be wrong
compter	to intend/to count
devenir	to become
élever	to bring up
envoyer	to send

Divers

à découvert	overdrawn
bien	well
depuis	since/for
également	also
en recommandé	registered (letter)
forcément	inevitably
il s'agit de…	it's about…/it's a question of…
il y a (période)	ago
lorsque	when
mal	badly
pendant	during
surtout	especially
uniquement	only

UNIT 4
A vendre

1 Vous vous souvenez

A  Regardez les photos et chacun(e) à votre tour (*in turn*), donnez votre préférence en comparant chaque pair.

Commencez par: **Je préfère… parce que…**

Utilisez **plus / moins / aussi…que** et **le / la / les plus…** , **le / la / les moins…**

d

c

B A C ✎ ▶ Lisez la carte postale ci-dessous et remplissez les blancs avec **pendant, depuis, il y a** ou **pour**.

Chère Martine,

Bonjour des Alpes où nous passons nos vacances. Nous sommes ici (＿＿＿) une semaine et le temps est splendide.

(＿＿＿) deux jours, nous avons fait une croisière sur le lac d'Annecy, c'était magnifique. Le premier jour, nous sommes allés en montagne et avons fait une grande randonnée: nous avons marché (＿＿＿) six heures, j'ai mal aux jambes (＿＿＿) ce jour!

Demain, nous partons dans le Sud (＿＿＿) quelques jours. Nous avons trouvé un gîte dans le Var à quelques kilomètres de la mer. Je ne suis pas allée à Draguignan (＿＿＿) des années. J'aime beaucoup cette ville.

Voilà, je te laisse. Pierre et moi pensons bien à toi.

Grosses bises!

Josiane et Pierre

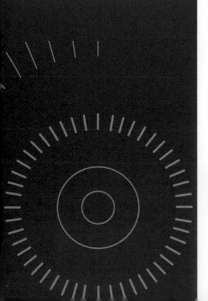

C A C ▶ Vous allez au guichet automatique pour retirer de l'argent. Lisez les instructions suivantes et essayez de les remettre dans l'ordre correct:

1 Tapez votre code confidentiel.

2 Veuillez patienter, nous contactons votre organisme bancaire…

3 Insérez votre carte.

4 Retirez votre carte.

5 Désirez-vous un reçu?

6 Sélectionnez le montant de votre retrait.

7 Prenez votre argent.

2 Nous avons une villa sur la Côte d'Azur

A 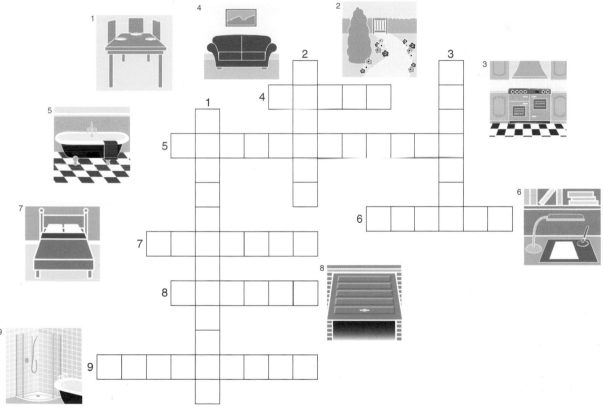 **Mots croisés.** Essayez de remplir la grille ci-dessous avec le nom des pièces d'après les illustrations:

B Ecoutez quatre personnes qui parlent de leur habitation. Regardez la liste de mots ci-dessous. Pour chaque description, cochez le mot qui n'est **pas** mentionné:

Description 1	Description 2	Description 3	Description 4
spacieux	cour	grenier	atelier
garage	siècle	banquettes	bibliothèque
jardin potager	troisième étage	pliantes	baies vitrées
coin repas	ascenseur	péniche	balcon
	portail	canaux	en haut
		cabinet de toilette	

LANGUAGE FOCUS

Qui, que, dont

La maison **qui** est à vendre au bord du lac est très chère.
*The house **which** is for sale by the lake is very expensive.*
L'homme **qui** sort de la maison est le propriétaire.
*The man **who** is coming out of the house is the landlord.*
L'homme **que** tu vois là-bas est le propriétaire.
*The man (**that**) you see over there is the landlord.*
L'appartement **que** j'ai acheté n'est pas très grand.
*The flat (**that**) I bought isn't very big.*

You will notice in the examples above that **qui** and **que** can mean *who*, *which* or *that*.

Qui refers to the subject of the verb (the 'doer') and **que** refers to the object of the verb. In order to find out which is which, look at the verb in your phrase and try to find out what the word for *that, which, who* refers to in English.
The house by the lake is for sale. ('the house' is the **subject**, so we used **qui**)
The man is coming out of the house. ('the man' is the **subject** so we used **qui**)

You can see the man. ('the man' is the **object**, so we used **que**)
I bought the flat. ('the flat' is the **object**, so we used **que**)

As a general rule remember that:
Qui is directly followed by a verb.
Que is followed by a noun (a person or thing) or a pronoun (**je**, **elle**, **nous**, **vous**, etc).

Dont means *whose, of which, of whom, about whom* or *about which*:
J'ai acheté l'appartement **dont** je t'ai parlé.
*I bought the flat **about which** I talked to you.*
Josiane, **dont** la maison est à vendre, habite en Angleterre.
*Josiane, **whose** house is for sale, lives in England.*

Notice how the words *that, which* and *who* are often left out in English:
I bought the flat [that/which] I talked to you about.
The man [that/who] you can see over there, is the landlord

C  Travaillez avec un(e) partenaire. Lisez les phrases suivantes et remplissez les blancs avec **qui, que** (**qu'** before a vowel) ou **dont**:

1   La maison ⬭⬭⬭ est située près de la route nationale est vendue.

2   L'appartement ⬭⬭⬭ j'ai visité hier est beaucoup trop petit.

3   Le grenier ⬭⬭⬭ il a aménagé, est très spacieux.

4   Elle habite dans un petit village ⬭⬭⬭ s'appelle Somain.

5   Il a épousé la fille ⬭⬭⬭ le père est millionnaire.

6   Le garçon ⬭⬭⬭ j'ai rencontré hier, est vraiment mignon.

7   Je suis allé au magasin ⬭⬭⬭ vend toutes sortes de choses.

8   J'ai parlé à cette femme ⬭⬭⬭ gare toujours sa voiture devant la maison.

9   Le français, ⬭⬭⬭ les règles de grammaire sont très simples, me passionne.

10 Françoise, ⬭⬭⬭ n'a pas pu venir hier soir, est malade.

D Ecoutez encore une fois les quatre descriptions de l'activité 2B et essayez de relier les éléments de gauche avec ceux de droite pour en faire des phrases complètes:

1   Il y a trois chambres…   a   …que nous avons acheté il y a quelques mois.

2   J'habite dans une maison…   b   …qui se trouve près d'un étang.

3   J'habite au troisième étage d'un bâtiment… c   …dont les balcons donnent sur l'océan.

4   Nous habitons sur un bateau…   d   …que je préfère, sont le salon et la salle à manger.

5   Les pièces…   e   …dont nous avons toujours rêvé.

6   Nous habitons dans une maison…   f   …que nous avons fait construire au bord de la mer.

7   C'est la maison…   g   …qui a été construit au début du siècle dernier.

LEARNING TIP:
Pièce, chambre et salle

Use the word **pièce** to talk about any room in a house/flat. It is the general word for *room*. Use **chambre** only for a bedroom.

Use **salle** when a room has a specific purpose in the house, such as **la salle** *à manger*, **la salle** *de séjour*, or **la salle** *de bains*.

Salle also designates larger rooms for crowds:

la salle de cinéma
la salle de concert
la salle de conférence
la salle d'attente
la salle des ventes
la salle de classe

A VENDRE UNIT 4

E 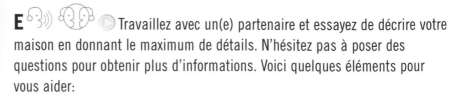 Travaillez avec un(e) partenaire et essayez de décrire votre maison en donnant le maximum de détails. N'hésitez pas à poser des questions pour obtenir plus d'informations. Voici quelques éléments pour vous aider:

J'habite dans…	en haut	confortable	situé(e)
J'ai…	en bas	spacieux(se)	donner sur…
Il y a…	à l'étage	pratique	
	au premier étage	moderne	
		ancien(ne)	
		de taille moyenne	

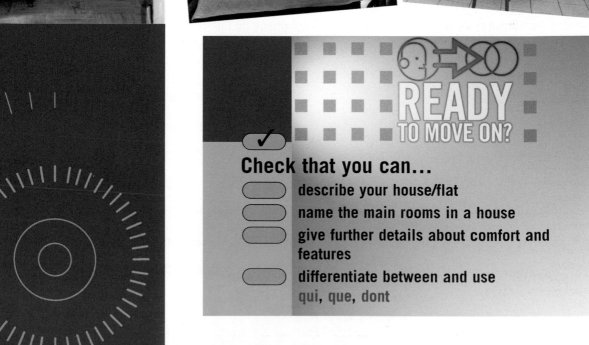

READY TO MOVE ON?

✓

Check that you can...

- describe your house/flat
- name the main rooms in a house
- give further details about comfort and features
- differentiate between and use qui, que, dont

A VENDRE

A LOUER

A CÉDER

3 A l'agence immobilière

A 🎲 ▶ **Les petites annonces.** Lisez les annonces suivantes puis regardez les notes de certaines personnes qui recherchent un appartement. Essayez d'identifier le parfait appartement pour chaque demande:

Réf. 00231 CALAIS
Appartement – 4 pièces.
Loue appartement de type 4, proche voie rapide et commerces. Gardien sur place, possibilité de parking. Loyer environ 450 € charges comprises.

Réf. 00241
Location – ANTIBES
Libre à partir de janvier
Appartement – 4 pièces – Récent – 70m².
Secteur résidentiel Les Pins. Terrasse, plain-pied, vue sur mer, 1 bureau, séjour avec home-cinéma et TV, chambre, cuisine US entièrement équipée, marbre, parking couvert, jardin. Parfait état.
- Rénové, 3ème étage, meublé, 3 chambres, 1 salle de bains.

Réf.00258
Location – MENTON
Appartement – 3 pièces – 100m².
Location saisonnière Agréable T3 en rez de jardin avec vue dégagée. 4/6 couchages, centre-ville – *Rez-de-chaussée, 2 chambres, Terrain 35m².*

Réf. 00298
Location – GRASSE
Appartement – 3 pièces – 66m².
3 pièces vides dans petite résidence – séjour ensoleillé – chambres avec placards – cuisine aménagée – 2 belles terrasses – garage et cave. 2ème étage, 2 chambres, Terrain 9m².

Réf. 00312
Location – CANNES
Proximité : CENTRE VILLE
Appartement – 3 pièces – 68m².
CANNES, BEL APPARTEMENT EN CENTRE VILLE PROCHE DE TOUTES COMMODITES ET PLAGES. SEJOUR AVEC CUISINE US. 2 CHAMBRES. SDB. TERRASSE. GARAGE. LOCATION SAISONNIERE – 6 COUCHAGES. PRIX A LA SEMAINE : 990,92€ – 2ème étage.

1
Flat for holidays - 4 weeks – July
Ground floor + space for children to play
2 bedrooms minimum

2
Flat – not furnished + storage space
Preferably with fully-equipped kitchen
(+ cellar would be ideal)
2 bedrooms + lots of natural light
(+ terrace if poss.)

3
Flat – ideally 4 rooms +
kitchen and bathroom
Maximum rent €500
(including community charges)
Easy access to shops + car park

4
Flat for holiday in South of France
Preferably in town but near beach
2 bedrooms
Not on ground floor
Car park required + balcony/terrace
Price not a problem

5
Moving to France early next year
Comfortable flat - preferably on one level (but not ground floor)
Fully furnished. Ready to move in with family.
Sea view if possible.
+ car park

LEARNING TIP: T2, F3, T4, F6

When talking about flat or house sizes, the French use either the letter **T** (type) or **F** (format) followed by the number of rooms *excluding* the kitchen and the bathroom.

Example: **un T3** or **un F3** can be a flat with a lounge and two bedrooms (+ kitchen and bathroom), but it can also be a flat with a dining room, a lounge and one bedroom (+ kitchen and bathroom).

UNIT 4

B Nadia et Sébastien sont dans une agence immobilière. Ecoutez une première fois leur conversation avec l'agent immobiler et essayez de faire correspondre les explications suivantes (à droite) avec les mots ou expressions qu'elles décrivent (à gauche):

a un propriétaire

b vos coordonnées

c les frais d'agence

d un bail

e une caution

f un état des lieux

g un loyer

h un préavis

1 une liste du contenu d'un appartement ou d'une maison

2 une personne qui a acheté une maison ou un appartement

3 une note pour informer le propriétaire de votre départ de la maison ou de l'appartement avant la fin du contrat

4 votre nom, votre adresse et votre numéro de téléphone

5 une somme d'argent donnée au propriétaire comme garantie en cas de dommages dont vous êtes responsable

6 un contrat de location (généralement pour trois ans)

7 une somme d'argent à payer à l'agence pour ses services

8 une somme d'argent à payer (en général chaque mois) pour l'utilisation d'une maison ou d'un appartement que vous n'avez pas acheté

C Ecoutez encore une fois (ou deux) la conversation de l'activité 3B et répondez aux questions suivantes en anglais:

1 What kind of house are Nadia and Sébastien looking for?

2 What is the maximum rent they can afford?

3 How much are the estate agent's fees?

4 What do these fees include?

5 How much is the deposit generally?

6 How much notice do Nadia and Sébastien have to give their current landlord?

LANGUAGE FOCUS

Ce que nous voulons…

Ce que nous voulons, c'est une petite maison.
Ce qui est important, c'est d'avoir une cuisine équipée.

Ce qui and **ce que** both mean *what* and in the same way as **qui** and **que**, **ce qui** is followed by a verb (**ce qui** is the subject of the verb) and **ce que** is followed by a noun or a pronoun (**ce que** represents the object of the verb).
What *we want is a small house.*
What *is important is to have a fully-equipped kitchen.*

Ce qui and **ce que** can also mean *which*. They are used to refer back to a whole idea (and not just to a noun).
Il y a un jardin et un garage, ce qui est très important pour nous.
We have a garage and a garden, **which** *is very important for us.*

Ce qui and **ce que** are used after **tout** to say *all that…, everything that…* or *anything that…*:

Tout ce que je veux, c'est une petite maison à la campagne.
All (that) *I want is a little house in the country.*

D  Travaillez avec un(e) partenaire. Lisez les phrases suivantes et essayez de remplir les blancs avec **ce qui** ou **ce que**.

(⬚⬚⬚⬚) j'aime dans cette maison, c'est la luminosité. Les pièces sont très spacieuses aussi, (⬚⬚⬚⬚) est excellent pour recevoir des amis (⬚⬚⬚⬚ je fais souvent…).

Mais (⬚⬚⬚⬚) j'aime moins, c'est le fait de ne pas avoir de jardin, (⬚⬚⬚⬚) n'est pas, en fait, si gênant car j'ai moins de travail à faire. L'autre problème, c'est mon mari: il critique tout (⬚⬚⬚⬚) je fais et tout (⬚⬚⬚⬚) je dis, (⬚⬚⬚⬚) est très irritant, surtout en face de mes amis. La salle à manger, par exemple, il n'aime pas la couleur: rose et jaune fluo. C'est tendance pourtant, non?

A VENDRE UNIT 4

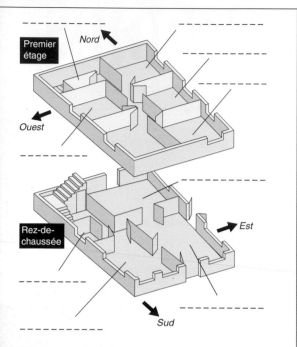

Premier étage

Nord

Ouest

Rez-de-chaussée

Est

Sud

E 🎲 💬 😊 ▶ Lisez les informations de la page internet, puis avec un(e) partenaire, essayez de compléter le plan de la maison ci-contre. Quand vous avez fini, comparez votre plan avec celui d'un autre groupe et essayez de convaincre vos partenaires que **votre** plan est le meilleur!

Les pièces à placer sont:
une cuisine
une salle à manger
un salon
un bureau
une chambre (parents)
une chambre (enfants)
une salle de bains
des toilettes
une pièce supplémentaire de votre choix

---

idéesMaison.com

Un site du groupe | Construction | Accueil Prêt Terrain Professionnel **Plan** Aménagement Réalisation Jardin | Aide

Favorites / 'ook / Page Holder

volumes
• plans de maison
• les auvents
• les vérandas
• le prix de votre maison
• imprimer la rubrique

Répartition des pièces selon leur orientation

Nous allons lister les pièces principales d'une maison et vous donner quel est à notre sens son orientation optimale :

Pièce	Orientation conseillée	Justification
Salon, séjour	Sud	Le salon est la pièce à vivre par excellence. Elle doit être claire, panoramique, chaude en hiver, fraîche en été. La suite de cette page vous expliquera comment.
Chambres principales	Est, Sud-est	Les chambres doivent de préférence être orientées à l'est pour profiter du lever du soleil mais rester fraîches en fin de journée. Toutefois, la chambre des parents, (qui contrairement aux enfants ne séjournent pas dans cette pièce hormis pour le sommeil) pourra être orientée ouest (à condition de laisser les volets fermés les journées d'été) voire au nord.
Cuisine	Tout dépend ..	Suivant votre mode de vie, la cuisine est peut-être pour vous une pièce de séjour dans laquelle vous prenez la plupart de vos repas. Dans ce cas, une orientation au sud est préférable. Une double orientation sud + est vous permettra de prendre vos petits déjeuners en bénéficiant du soleil. D'un point de vue calorifique, la cuisine est une pièce qui, à cause de la cuisson des repas, produit de la chaleur. Si vous ne supportez pas les grosses chaleurs en été, placez-là au nord. Elle sera chaude en hiver et ne se transformera pas toute entière en four durant l'été ; mais ce sera au prix d'une pièce à vivre relativement sombre. Dans tous les cas, essayez de ne pas placer la cuisine trop loin de la salle à manger ni de la terrasse où vous prendrez les repas durant l'été.
Salles de bains	Nord de préférence	Les salles de bain sont des pièces qui ne nécessitent pas de grandes ouvertures. C'est pourquoi, une orientation nord sera suffisante à leur usage.
WC, penderies, …	-	Toutes ces pièces utilitaires peuvent fort bien se passer d'ouverture et combler ainsi des espaces "vides" au centre de la maison.
Bureau	Nord	Si vous utilisez un ordinateur à la maison, une pièce au nord évitera d'avoir une trop forte luminosité qui gêne la visibilité des écrans. Une telle pièce peut par exemple servir de chambre d'amis pour laquelle l'orientation importe peu.

Internet zone

4 Je déménage, j'emménage…

A  Ecoutez plusieurs fois les conseils d'Anne Verger pour bien réussir un déménagement puis dites si les phrases suivantes sont vraies ou fausses:

	Vrai	Faux
1 Le déménagement est une épreuve difficile.		
2 Le meilleur moment pour déménager est le début du mois.		
3 Il faut éviter les vacances scolaires pour déménager.		
4 Il est conseillé de demander de l'aide à des amis.		
5 Il faut commencer à organiser son déménagement environ une semaine à l'avance.		

B  Vous déménagez… Lisez la fin de l'interview d'Anne Verger ci-dessous. Utilisez les verbes en italique pour faire une liste (la check-list!) de ce que vous avez fait:

Exemple: N'oubliez pas de *contacter* EDF-GDF → **J'ai contacté** EDF-GDF.

Anne: [...] N'oubliez pas de *contacter* EDF-GDF et le service des Eaux pour *fermer* les lignes électriques et les alimentations en eau et en gaz de votre ancien logement, et de les *ouvrir* dans le nouveau. *Contactez* aussi France Télécom ou votre opérateur téléphonique et n'oubliez pas de *demander* à la Poste la réexpédition automatique de votre courrier à votre nouvelle adresse.

Julien: C'est évident, non?

Anne: Certainement, mais beaucoup de gens oublient ou le font trop tard. Enfin, une dernière chose, très importante: n'oubliez pas d'*établir* l'état des lieux de votre ancien logement et du nouveau avec le propriétaire ou l'agence avant de déménager.

A VENDRE UNIT 4

C 🎲 ▶ **Quel bricoleur!** Regardez les affirmations ci-dessous. Certaines phrases comportent des erreurs et certains des mots en italique sont placés dans la mauvaise phrase. Pouvez-vous essayer de les replacer correctement? Pour vous aider, les mots en italique sont illustrés pour chaque phrase.

1   J'utilise *une perceuse* pour couper l'herbe dans le jardin.

2   J'utilise *une étagère* pour chauffer une pièce.

3   J'utilise *une ampoule électrique* pour éclairer une pièce.

4   J'utilise *un interrupteur* pour poser mes livres.

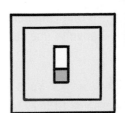

5   J'utilise *un évier* pour faire la vaisselle.

6   J'utilise *un plancher* pour faire des trous dans le mur.

7   J'utilise *un lavabo* pour couvrir le sol d'une pièce.

8   J'utilise *une tondeuse à gazon* pour allumer ou éteindre la lumière.

9   J'utilise *un radiateur* dans la salle de bains pour me laver les mains.

D  Vous désirez acheter les articles de l'activité 4C. Vous consultez le site internet du magasin de bricolage Leroy Merlin. Dans quel rayon (*department*) allez-vous trouver chaque article? Sur quel lien (*link*) devez-vous cliquer?

E Vous venez d'emménager dans une vieille maison avec Etienne, votre ami français. Lisez le dialogue suivant et suivez les instructions:

Etienne: J'espère que tu aimes faire du bricolage car il y a beaucoup de travail ici!

You: Ask Etienne if he's seen the state of the sockets and switches. First, he must contact EDF and ask for someone to come and check the installation.

Etienne: Oui, tu as raison et regarde, il n'y a pas d'eau!

You: Ask Etienne if he's checked the stopcock under the sink.

Etienne: Attends, je regarde… Voilà, ça marche!

➔

UNIT 4

Go to our website for further links

Glossaire

la prise	the socket
le robinet d'arrêt	the stopcock
le papier peint	the wallpaper
nettoyer	to clean
paraître/sembler	to look/to seem
ignoble	vile

You: Tell him that everything looks so old, you bet the fridge and the cooker don't even work.

Etienne: Mais si, voyons, la maison est restée inoccupée pendant plusieurs mois. Voilà pourquoi il y a beaucoup de poussière…

You: Say that when you've cleaned the kitchen, the next thing you want to do is to change the wallpaper in the lounge because it's vile.

Etienne: Si tu veux, mais on doit d'abord demander l'autorisation au propriétaire.

You: Check with Etienne if he's contacted France Télécom to reconnect the phone.

Etienne: Oh mince, j'ai complètement oublié! Tu as ton portable, non?

You: Tell Etienne that you're popping out to Leroy Merlin to get some light bulbs for the bedrooms and that you also need to get some shelves for your books. Ask if he needs anything.

Etienne: Non, non, ça va. Je vais commencer à nettoyer un peu la cuisine.

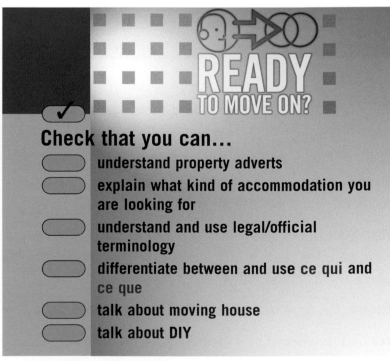

READY TO MOVE ON?

✔

Check that you can…

- understand property adverts
- explain what kind of accommodation you are looking for
- understand and use legal/official terminology
- differentiate between and use ce qui and ce que
- talk about moving house
- talk about DIY

Le Québec

A Regardez la page d'accueil du site internet sur le Québec et répondez aux questions suivantes en anglais:

1   What three food specialities are mentioned?

2   How many animals are mentioned in the text?

3   Who are 'les Acadiens'?

4   What is cheaper than meat?

● L'anglais et le français sont tous deux langues officielles au Canada. Mais le français est la seule langue officielle au Québec depuis 1977.
Au Québec, sachez-le, le tutoiement est roi.

Voici quelques expressions utilisées au Québec mais pas en France:

c'est dispendieux	*c'est cher*
c'est dull	*c'est ennuyeux*
mon chum (prononcez « tchom »)	*mon petit ami*
ma blonde	*ma petite amie*
un bicycle à gazoline	*une moto*
un dépanneur	*un épicier ouvert quasiment tout le temps, qui vend des produits de première nécessité*
être chaud	*être soûl*
le mal de bloc	*le mal de tête*
c'est l'fun (prononcez « fone »)	*c'est super*
c'est toffe	*c'est pénible*
un breuvage	*une boisson non alcoolisée*
un char	*une voiture*
j'ai mon voyage	*j'en ai marr*

B Vous êtes en voyage au Québec. D'après les informations, comment diriez-vous en français québécois… ? (*how would you say… ?*)

1 … that something is expensive?

2 … that you've got a headache?

3 … that you're going to the corner shop?

4 … that your boyfriend/girlfriend is called Julien/Julie?

5 … that you'd like a soft drink?

6 … that you're drunk?

7 … that you've had enough?

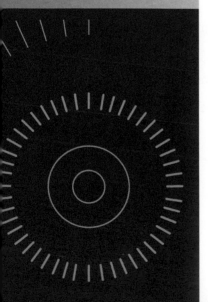

GLOSSARY

Noms

ampoule (f) **électrique**	electric bulb
annonce (f)	advert
atelier (m)	workshop
baie (f) **vitrée**	picture window
bail (m)	lease
banquette (f)	seat
bâtiment (m)	building
bleuet (m)	blueberry
castor (m)	beaver
chambre (f)	bedroom
chauffage (m)	heating
coordonnées (fpl)	personal details
cour (f)	courtyard
courrier (m)	post/letters
croisière (f)	cruise
cuisson (f)	cooking
déménagement (m)	moving (house)
érable (m)	maple
étagère (f)	shelf
étang (m)	pond
état (m) **des lieux**	inventory of fixtures
évier (m)	sink
frais (mpl)	fees
gîte (m)	holiday cottage
grenier (m)	attic
homard (m)	lobster
interrupteur (m)	switch
lavabo (m)	washbasin
loyer (m)	rent
menuiserie (f)	woodwork
montant (m)	amount
mur (m)	wall
myrtille (f)	bilberry
outillage (m)	tools
papier (m) **peint**	wallpaper
péniche (f)	barge
perceuse (f)	drill
pièce (f)	room
potager (m)	vegetable garden
plancher (m)	(wooden) floor
préavis (m)	notice
prise (f) **électrique**	electric socket
randonnée (f)	ramble
rangement (m)	storage
rayon (magasin) (m)	department/aisle (shop)
revêtement (m)	covering
robinet (m) **d'arrêt**	stopcock
salle (f)	room/hall
salle (f) **d'eau**	shower room
siècle (m)	century
sol (m)	floor
taille (f)	size
tondeuse (f) **à gazon**	lawn mower
trou (m)	hole
truc (m)	tip (advice)

A VENDRE UNIT 4

GLOSSARY

Verbes

allumer	to switch on
aménager	to instal/ to convert
bâtir	to build
céder	to sell/to give away
déménager	to move house
donner sur	to look onto
emménager	to move in
éteindre	to switch off
garer	to park
louer	to rent/to hire
nettoyer	to clean
parcourir	to travel through
plaire	to please
rêver	to dream
se situer	to be located
vendre	to sell

Adjectifs

ancien(ne)	former
annuel(le)	annual
bimensuel(le)	fortnightly
bimestriel(le)	every two months
hebdomadaire	weekly
mensuel(le)	monthly
meublé(e)	furnished
quotidien(ne)	daily
trimestriel(le)	quarterly
vide	empty

Divers

à partir de	from
en bas	downstairs/at the bottom
en haut	upstairs/at the top

UNIT 5
Vous-communiquez.fr

By the end of this unit you will be able to:

- Describe the different parts of a computer
- Understand and use internet vocabulary
- Understand and use direct object pronouns
- Make phone calls in French, and take and leave a message
- Understand and use indirect object pronouns
- Read and write formal letters in French

1 Vous vous souvenez?

A  **Remue-méninges!** Pour chaque ligne, lisez les trois mots. Le plus rapidement possible, essayez d'associer un quatrième mot. Ecrivez-le. Quand vous avez fini l'activité, comparez vos réponses.

une maison, un appartement, une villa…
une chambre, une cuisine, un salon…
un lit, une garde-robe, un réveil…
un réfrigérateur, un micro-ondes, une cuisinière…
un canapé, une chaise, un sofa…
un bureau, un ordinateur, un stylo…
peindre, réparer, décorer…
une salle à manger, une salle de bains,
une salle de cinéma…

B Regardez les deux personnages ci-dessous et essayez de décrire chaque personne avec trois phrases en utilisant **qui, que** et **dont**. Voici un exemple:

La femme **qui** tient un sac dans la main s'appelle Martine.
Le sac **que** la femme tient dans la main est ouvert.
La femme **dont** les lunettes sont cassées a des cheveux blonds.

2 'Bienvenue… Vous avez des emails…'

A **L'ordinateur.** Regardez l'image ci-dessous pendant environ 90 secondes en essayant de mémoriser le maximum de mots. Fermez votre livre, puis, avec votre partenaire, écrivez tous les mots dont vous vous rappelez.

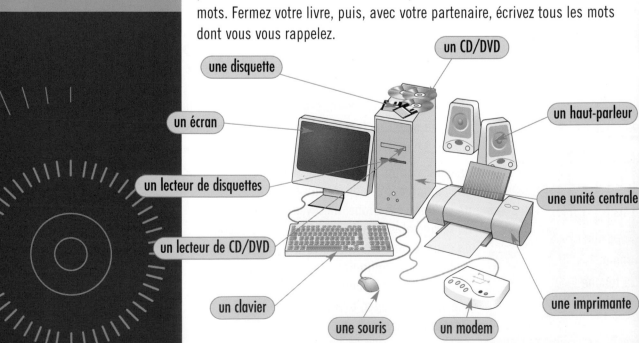

B Regardez la page internet ci-dessus et répondez aux questions.
Sur quoi allez-vous cliquer…

1   … if you want to read your emails?

2   … if you want to set parental controls?

3   … if you want to write an email?

4   … if you want to play games online?

5   … if you want to sign off or switch screen names?

6   … if you want to send a text message to a mobile phone?

7   … if you want information on films, concerts, television, etc?

8   … if you need AOL help?

C Jean-François est sur internet. Regardez les mots ci-dessous, puis écoutez sa conversation avec Nathalie. Essayez de cocher tous les mots que vous entendez:

télécharger	⬭	sauvegarder	⬭	haut débit	⬭
supprimer	⬭	envoyer	⬭	annuler	⬭
fichier	⬭	mon dossier	⬭	visionner	⬭
la touche	⬭	arrobas/arobase	⬭		

UNIT **5**

D 🄰🄲 😊 ◉ Essayez maintenant avec votre partenaire de relier les définitions suivantes (1–9) avec le ou les mots ci-dessous (a–j).

1 un bouton sur le clavier

2 stocker ou mettre un document sur le disque dur ou sur une disquette

3 le symbole du 'a' commercial

4 arrêter une action

5 envoyer ou recevoir un gros document

6 voir le contenu d'un document

7 détruire un document

8 connexion internet puissante et rapide

9 document stocké dans l'ordinateur sur le disque dur ou sur une disquette (deux possibilités)

a télécharger

b supprimer

c fichier

d la touche

e sauvegarder

f dossier

g arrobas(e)

h haut-débit

i annuler

j visionner

LEARNING TIP:

Je suis en train de vérifier mes emails…

To emphasise what they are *currently* doing or to say that they are in the process of doing something, the French use the expression **être en train de** followed by a verb in the infinitive form:

Je suis **en train de** manger une pomme.
I'm (currently) eating an apple.

Nous sommes **en train de** vérifier nos emails.
We are (in the process of) checking our emails.

E 🎧 ◉ Ecoutez encore une fois la conversation de l'activité 2C et essayez de répondre aux questions suivantes en anglais:

1 What is Jean-François downloading?

2 What is it about?

3 Why doesn't Nathalie wish to view it with Jean-François?

4 Why doesn't Jean-François let Nathalie use the phone?

5 Why isn't Jean-François keen on Broadband?

6 Why does Nathalie suddenly want to sit at the computer?

7 What is Sophie's message about?

Je vais le sauvegarder!

To avoid repeating nouns (names or things), we use little words called **pronouns**. You already know the French **subject pronouns** (**je**, **tu**, **il**, **elle**, **on**, **nous**, **vous**, **ils** and **elles**).

The **direct object pronouns** are the words you use to say *me, him, her, it, us, them.*
In French, they are:

me *me*
te *you*
le *him* or *it* (masculine)
la *her* or *it* (feminine)
nous *us*
vous *you*
les *them* (masculine and feminine)

Note that **me**, **te**, **le** and **la** become **m'**, **t'** and **l'** when the word that follows starts with a vowel or a silent **h**.

In French, the object pronoun must be placed **before** the verb unless you are using an imperative in which case it comes **after** the verb (as in English).

Exemples:

Je **le** connais depuis des années.	*I've known **him** for years.*
Je **la** vois demain.	*I'm seeing **her** tomorrow.*
Elle **m'**a appelé hier soir.	*She called **me** last night.*
Je **vous** ai envoyé un email ce matin.	*I sent **you** an email this morning.*
L'avez-vous reçu?	*Did you receive **it**?*
Non, je ne **l'**ai pas reçu.	*No, I didn't receive **it**.*
Envoie-**les**!	*Send **them**!* (imperative)
Prends-**le**!	*Take **it**!* (imperative)

Attention! When using an imperative, the pronoun **me** becomes **moi** unless you are using a negative imperative:

Aidez-**moi**, s'il vous plaît!	*Please help **me**!*
Ne me regarde **pas** comme ça!	*Don't look at **me** like that!*

Vous-communiquez.fr UNIT 5

F Lisez les phrases suivantes et changez les noms *en italique* en pronom objet (*object pronoun*). Faites attention à la place du pronom!

1 Je prends *le train* tous les jours.

2 Il a aidé *le vieil homme* à porter ses bagages.

3 Je révise *mes verbes* avant de me coucher.

4 Est-ce que tu as vu *Pierre* au bureau ce matin?

5 Elle n'a pas eu le temps de manger *son sandwich*.

6 Il ne faut surtout pas manquer *ce film*!

7 Envoyez *la confirmation* par fax!

8 N'ouvre pas *tes cadeaux* maintenant!

9 Les enfants adorent *Hélène*, mais elle n'aime pas *les enfants*.

10 Vous pouvez laisser *les clés* à la réception.

G Travaillez avec un(e) partenaire. Lisez les instructions suivantes en anglais, puis, en utilisant le vocabulaire des activités précédentes, essayez de faire ce jeu de rôle en français. N'hésitez pas à le préparer par écrit si nécessaire:

(A) Ask your partner what he/she's doing.

(B) Say that you are on the internet.

(A) Say that you can see that, but ask what he/she's (currently) doing.

(B) Say that you are (currently) checking your emails.

(A) Ask if he/she can't do it offline.

(B) Say of course not. You are (in the process of) downloading a very important document from work.

(A) Ask if he/she can't do it later because you need to phone (téléphoner à) your friend Juliette.

(B) Say no because this file is urgent, and anyway there is an email from Juliette.

(A) Ask if you can read it now.

(B) Say that he/she can do it when you've finished your work.

(A) Say OK, you're going to wait here.

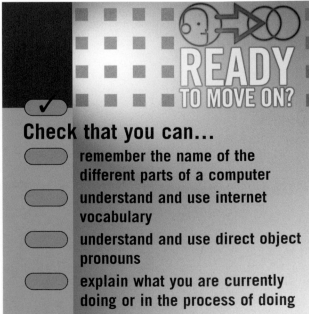

READY TO MOVE ON?

Check that you can...

- remember the name of the different parts of a computer
- understand and use internet vocabulary
- understand and use direct object pronouns
- explain what you are currently doing or in the process of doing

3 Ça sonne encore occupé!

A  Ecoutez les deux publicités de France Télécom, puis lisez les résumés suivants et cochez celui qui est correct:

Publicité 1:

a For €5 per month, if you select three numbers and call them on Saturdays and Sundays, the first five minutes are completely free. The numbers selected can be national or international. You may change these numbers up to three times a year.

b For €5 per month, select three numbers and call them on Saturdays, Sundays and bank holidays, as much and for as long as you want for free. These numbers must be French numbers only. You may change these numbers up to three times a year.

Publicité 2:

a This free service allows you to receive calls and messages even if you are online. This voicemail also memorises the numbers of callers who did not leave a message. You can check your messages from home but also from any other land line.

b With just an extra little device and no extra charges, your phone can take up to five messages even if you are online. You can check these messages from home but also from any mobile phone.

Vous-communiquez.fr UNIT 5

B 🎲 🎧 ▷ Voici deux extraits des publicités France Télécom de l'activité 3A. Remplissez les blancs en utilisant les mots ci-dessous. Ecoutez ensuite l'enregistrement pour vérifier vos réponses.

Extrait publicité 1:

> **fériés   partout   numéros   gratuitement   longtemps**

Téléphonez sans limite de temps, (   ) en France métropolitaine, avec trois (   ) illimités! Choisissez vos trois numéros, et appelez-les aussi souvent et aussi (   ) que vous le voulez, tous les week-ends et les jours (   ), pour seulement 5 euros par mois. Vous pouvez modifier vos trois numéros illimités 3 fois par an (   ).

Extrait publicité 2:

> **appelants   sans   message   répondeur   appels**

Grâce à la Messagerie Vocale et (   ) équipement supplémentaire votre téléphone bénéficie de toutes les fonctions d'un (   ) et même plus!

La messagerie vocale prend vos (   ) lorsque vous êtes absent ou déjà en ligne, et ce jusqu'à 5 appels simultanés!

La messagerie vocale enregistre également les numéros des (   ) qui n'ont pas laissé de (   ).

C  Ecoutez les quatre conversations téléphoniques et essayez de remplir le tableau suivant en anglais:

	Caller	*Wants to talk to*	*Problem encountered*	*Message*
Conversation 1				
Conversation 2				
Conversation 3				
Conversation 4				

D Ecoutez encore une fois les conversations de l'activité 3C et reliez les phrascs suivantes de gauche à droite:

1 Ne quittez pas…

2 La ligne est occupée…

3 Pouvez-vous…

4 Je suis désolé…

5 Est-ce que je peux…

6 Demandez-lui…

7 Je me suis trompée de numéro…

8 Qui est à l'appareil? …

9 Ils sont sortis…

10 Est-ce que tu peux leur dire…

11 Je vais leur laisser un message…

a …lui laisser un message?

b …voulez-vous patienter?

c …car je dois sortir aussi maintenant.

d …excusez-moi, monsieur.

e …que je compte passer demain.

f …je vous le passe.

g …c'est moi, Catherine.

h …le poste 452 ne répond pas.

i …de me rappeler dès que possible.

j …me passer le poste 452?

k …ils doivent rentrer d'ici une heure.

Vous-communiquez.fr UNIT 5

LANGUAGE FOCUS

Je vais les leur donner…

Indirect object pronouns are the words you use to say: *to me, to you, to him, to her, to us, to them.*
They are called **indirect** because in English you often add an extra little word: *to me, to them …*
In French, they are the same as **direct object** pronouns but with **three exceptions**:

me	*to me*
te	*to you*
lui	**to him**
lui	**to her**
nous	*to us*
vous	*to you*
leur	**to them** (masc. and fem.)

Exemples:

Je voudrais **lui** parler.	*I'd like to speak **to him/to her**.*
Elle **nous** écrit régulièrement.	*She regularly writes **to us**.*

Note that in French, certain verbs use an **indirect** object whereas in English, you find a **direct** object:

Je vais **leur** téléphoner.	*I'm going to phone [to] them.*
Nous **lui** avons dit.	*We told [to] him/her.*
Demandez-**lui** de me rappeler.	*Ask [to] him/her to call me back.*

You may need to use several object pronouns at a time. If so, use them in the following order:

1	2	3
me	le (l')	lui
te	la (l')	leur
nous	les	
vous		

I intend to give the key to your parents.
Je compte donner la clé à tes parents.

it	(to them)
la	**leur**

Je compte **la leur** donner.   *I intend to give **it to them**.*

E 🎲 ✏️ ▶️ Lisez la conversation suivante et complétez les blancs avec les pronoms compléments **directs** ou **indirects** correspondants:

Pierre: J'ai appelé Luc hier soir.

Thomas: Et tu ( ) as parlé?

Pierre: Non, c'est Hélène qui a répondu. Je ( ) ai laissé un message.

Thomas: Et il ( ) a rappelé?

Pierre: Non, je crois qu'il est en colère parce que j'avais promis de ( ) rendre son CD la semaine dernière…

Thomas: Et alors, tu ne ( ) ( ) a pas rendu?

Pierre: Ben non, je ( ) ai perdu! Je ( ) ai passé à Rachid pour ( ) copier, il ( ) ( ) a rendu le lendemain avec la copie. J'ai pris les deux CD, je ( ) ai mis dans mon sac et je suis allé chez Nadia pour ( ) donner la copie.

Thomas: Tu as sans doute laissé l'original chez elle…

Pierre: Non, je ( ) ai demandé mais elle ne ( ) a pas trouvé.

Thomas: Au fait, mes trois CD, tu ( ) as toujours j'espère?

Pierre: Quelle question! Bien sûr! Tu ne ( ) fais pas confiance? Enfin c'est Luc et Hélène qui ( ) ont. Je vais ( ) téléphoner!

Vous-communiquez.fr UNIT **5**

F A,C ▶ Lisez chaque situation en anglais et choisissez la phrase en français qui lui correspond le mieux:

1 You need to cancel an appointment.
  a Je voudrais annuler mon rendez-vous.
  b Je voudrais reporter mon rendez-vous.

2 You'd like to leave a message for M. Durand.
  a Est-ce que je peux prendre un message?
  b Est-ce que je peux lui laisser un message?

3 You'd like to be put through to Mme Montiel.
  a Pouvez-vous me passer Mme Montiel, s'il vous plaît?
  b Est-ce que je peux vous passer Mme Montiel?

4 You'd like to make an appointment with Dr Jacquet.
  a Je voudrais prendre un rendez-vous avec Dr Jacquet.
  b Je voudrais organiser une réunion avec Dr Jacquet.

5 You've got the wrong number…
  a Désolé(e), je me suis trompé(e) de numéro…
  b Désolé(e), je vous rappelle plus tard…

G ▶ **Jeux de rôle.** Votre professeur va vous donner quatre cartes sur lesquelles se trouvent des instructions. Travaillez avec votre partenaire et simulez des conversations téléphoniques en suivant les instructions de chacune des cartes. Travaillez dos-à-dos (*back to back*), c'est plus amusant!

Voici un exemple:

A Your partner starts the conversation. He/she picks up the phone…

> *Your name:* Julien/Juliette Gaudefroy
> *Your company:* Société Belvédère Plus
> *To talk to:* Philippe Leroy
> *Message:* Confirmation meeting next week (Wed. 5 pm)
> *Meeting point:* Hotel bar 4.30 pm

B You start the role-play. Phone ringing, you pick up the phone…

> *Your name:* José(e) Blanchard
> *Company:* Société Lefort
> M. Leroy abroad until Friday
> Message?

Examples of what you could say:

B Société Lefort, bonjour. José(e) Blanchard *à l'appareil…*

A Bonjour, *je voudrais parler à* Monsieur Leroy, s'il vous plaît.

B *Je suis désolé(e)*, monsieur/madame, Monsieur Leroy est en voyage d'affaires à l'étranger jusqu'à vendredi. *Vous voulez lui laisser un message?*

A Oui, s'il vous plaît.

B *C'est de la part de qui?*

A Monsieur/Madame Gaudefroy de la société Belvédère Plus. *Je voudrais* confirmer la réunion de la semaine prochaine, mercredi à 17h00. *Pouvez-vous lui dire* de me retrouver au bar de l'hôtel à 16h30?

B Alors… Confirmation de la réunion mercredi 17h00… Rendez-vous 16h30 au bar de l'hôtel. *C'est bien ça?*

A *C'est ça!* Merci beaucoup, monsieur/madame.

B *Je vous en prie. Au revoir.*

Vous-communiquez.fr UNIT 5

4 Veuillez agréer…

A AC 🎧 ▶ Lisez les deux lettres suivantes et répondez aux questions ci-dessous en anglais:

Letter 1:

1 What was stolen from M. Honoré?

2 When did the theft happen?

3 What is M. Honoré formally demanding from M. Foubert?

4 What has M. Honoré enclosed with the letter?

Letter 2:

1 What happened to M. Gireaudoux on 3rd June at 4.10 pm?

2 What request is he making to the Public Prosecutor?

3 What argument is he putting forward?

M. et Mme Honoré
58 rue Jean Jaurès
59000 Lille

M. Foubert
Hôtel Confort Plus
Avenue Charles de Gaulle
74000 Annecy

Lille, le 3 juin 20—

Monsieur,

Lors d'un séjour dans votre hôtel, du 15 au 21 mars dernier, un sac de voyage contenant mes effets personnels a été dérobé.

Ce bagage était rangé dans l'armoire de la chambre n° 18 que ma femme et moi occupions. Le vol a eu lieu dans la journée du 19 mars, probablement entre 14h et 17h.

Je vous rappelle que, selon l'article 1952 du Code civil, votre responsabilité d'hôtelier est totalement engagée. Je ne vois donc aucune raison au refus que vous m'avez opposé par téléphone il y a quelques jours.

Je vous mets donc en demeure de m'indemniser pour ce sac de voyage et son contenu, dont vous trouverez le détail ci-joint.

Veuillez agréer, monsieur, l'expression de ma considération distinguée.

Julien Honoré

M. Honoré

M. GIREAUDOUX Francis
96 Avenue Pierre Curie
62320 Rouvroy

Monsieur le Procureur de
la République
Palais de Justice
Place Lamartine
62407 Béthune

Rouvroy, le 26 juin 20—

Objet :
Procès verbal QH5267891A

Monsieur le Procureur de la République,

J'ai été verbalisé par un agent de police le 3 de ce mois à 16h10 à la hauteur du 6 rue Pasteur à Béthune selon le procès verbal numéro QH5267891A que je joins à la présente.

Je souhaite être exonéré du paiement de cette contravention. En effet, aucun panneau ne signalait l'interdiction de stationnement dans cette rue.

Je vous saurai gré de bien vouloir prendre en considération ma requête.

Veuillez agréer, Monsieur le Procureur de la République, l'expression de ma haute considération et de mes sentiments très respectueux.

Francis Gireaudoux

M. GIREAUDOUX Francis

La correspondance formelle

When writing formal letters, use the following letter layout:

1 Formules d'appel

Monsieur
Madame
Madame, Monsieur
(*Do not use the forward slash (/) between 'Madame' and 'Monsieur'*)

Votre nom	
Votre adresse	
	Nom de votre correspondant(e)
	Son adresse
	Ville (*d'où vous écrivez*),
	Date.
Objet:	
(*but de la lettre*)	
Formule d'appel (1)	
Corps de la lettre (2)	
Formule de fin de lettre – Salutations (3)	
Signature	

2 Corps de la lettre

Suite à votre lettre
du... + date
En réponse à votre
lettre du... + date
Je vous remercie de
votre lettre du... + date
Je vous serais reconnaissant(e) de bien vouloir... *I would be grateful if you could...*
Pourriez-vous...? *Could you... ?*
Veuillez me faire savoir... *Please let me know...*
Veuillez trouver ci-joint(e)(s)... *Please find enclosed...*

3 Formules de fin de lettre

Dans l'attente de vous lire prochainement... *I look forward to hearing from you soon...*

Salutations

Veuillez agréer, *(formule d'appel 1)*, l'expression de mes sentiments distingués *Yours faithfully/sincerely*

LEARNING TIP:
Cher... et Veuillez...

Only use **Cher...** or **Chère...** (*Dear...*) when writing to someone you know quite well.

Use **Veuillez** + verb in the infinitive to say *Please*.

Veuillez m'envoyer des informations. *Please send me some information.*
Do not use the expression **s'il vous plaît** in a formal letter.

You can also use **Veuillez...** verbally in formal situations:

Veuillez vous asseoir. *Please do sit down.*
Veuillez signer ce formulaire. *Please sign this form.*

B  Lisez les phrases ci-dessous et avec votre partenaire, essayez de relier les éléments 1–7 aux élements a–j pour en faire des phrases complètes:

1 Suite à…

2 Je vous remercie…

3 Je vous serais reconnaissant(e)…

4 Pourriez-vous…

5 Veuillez me faire savoir…

6 Veuillez trouver ci-jointe…

7 Veuillez agréer, madame,…

a …l'expression de mes sentiments distingués.

b …de votre lettre du 3 décembre.

c …m'indiquer les heures d'ouverture du musée.

d …la liste détaillée des objets volés.

e …notre conversation téléphonique ce matin…

f …quelles sont les modalités de paiement.

g …de bien vouloir me préciser les conditions de vente.

C En utilisant la première lettre de l'activité 4A comme modèle, écrivez à la Directrice de l'hôtel Voltaire (Mme Francine Maillet). Suivez les instructions et n'oubliez pas de présenter votre lettre selon le modèle.

Hôtel Voltaire
6 place Gambetta
75000 Paris

Re: Theft of your suitcase

- Refer to your telephone conversation yesterday (your suitcase was stolen during your stay).
- Remind Mme Maillet that you stayed at Hôtel Voltaire two weeks ago for 3 nights (Monday–Thursday) (include dates). You were (**j'occupais** or **j'étais**) in room 102 with your wife/husband.
- Tell her that the theft occurred on Wednesday morning.
- Explain that you left your suitcase in the wardrobe (**la penderie**) and went for a walk at about 9 am. When you came back at 11.30 am, your suitcase was missing (**avait disparu**).
- Remind her that according to article 1952 of the French civil code, she is fully and entirely responsible and therefore you formally demand to be indemnified for the suitcase and its contents (you've enclosed the list).
- Say that you look forward to hearing from her soon.
- Finish the letter with a suitable closing expression.

READY TO MOVE ON?

✓ **Check that you can...**

- take and make telephone calls in French
- take and leave messages
- understand and use indirect object pronouns
- read a formal letter in French
- write a formal letter in French

Vous-communiquez.fr UNIT 5

ACCESS FRENCH

Le Maroc

A  Lisez l'article de la page d'accueil du site internet du *Guide du Routard* sur le Maroc et répondez aux questions suivantes en anglais:

1 What would a foreign visitor find quite surprising in Casablanca?

2 Give some examples.

3 In Morocco, what typical sights attract foreign tourists?

4 In Morocco, what can appear as something of a paradox?

B 🔤 ✏️ ▶️ Lisez la première partie du texte, 'Ce qu'il faut faire'. Pour chacune des phrases ci-dessous et d'après la situation, écrivez **ce que vous avez fait.**

Exemple:

En entrant dans une pièce, j'ai vu des chaussures déposées près de la porte…

Je me suis donc déchaussé(e) or *J'ai donc enlevé mes chaussures aussi.*

1   Mes amis marocains m'ont posé beaucoup de questions indiscrètes…

2   Je voulais (*I wanted*) seulement boire une petit verre de thé, mais…

3   J'ai été invité(e) dans une famille marocaine…

4   J'ai pris beaucoup de photos de mes amis marocains…

SAVOIR-VIVRE, COUTUMES ET POLITESSE

🔊 **Ce qu'il faut faire**

- Se déchausser avant d'entrer dans une pièce si vous voyez des chaussures déposées près de la porte.

- Répondre à toutes les questions que l'on vous posera et qui, parfois, vous paraîtront indiscrètes.

- Prolonger la pause thé en acceptant plusieurs verres, même si on n'a plus soif.

- Si l'on a été invité dans une famille, laisser un petit cadeau plutôt que de l'argent.

- Si l'on a photographié ses amis marocains, ne pas oublier de leur envoyer les clichés au retour.

Vous-communiquez.fr UNIT 5

ACCESS FRENCH 2

C  Lisez maintenant la deuxième partie du texte, 'Ce qu'il ne faut pas faire'. Imaginez qu'un ami ou une amie décide d'aller au Maroc pour ses vacances. Expliquez-lui ce qu'il ou elle ne doit **pas** faire pendant son séjour. Utilisez l'impératif à la deuxième personne du singulier (the **tu** form).

Exemple:
Ne **refuse** pas le thé que l'on **t**'offre!

SAVOIR-VIVRE, COUTUMES ET POLITESSE

Ce qu'il ne faut pas faire

- Refuser le thé que l'on vous offre.

- Toucher les aliments avec la main gauche, considérée comme impure.

- Porter une tenue provocante, surtout pour les femmes.

- Aborder certains sujets tabous tels que la politique, la religion, le roi.

- Demander à un Marocain des nouvelles de sa femme, ça risquerait de choquer.

- Prendre pour des gays tous les jeunes hommes qui se promènent main dans la main. C'est un signe d'amitié et non d'homosexualité.

Si vous êtes invité à prendre un repas avec des Marocains ou à participer à la fameuse cérémonie du thé, installé sur des tapis tout en dégustant des biscuits ou des dattes, n'oubliez pas de manger avec la main droite (la gauche étant réservée à la toilette). Le repas terminé, on se lave les mains et la bouche.

GLOSSARY

Noms

appel (m)	call
arrobas(e) (m/f)	@
bouton (m)	key
clavier (m)	keyboard
contenu (m)	content(s)
dossier (m)	file
écran (m)	screen
fichier (m)	file
gratte-ciel (m)	skyscraper
haut-débit (m)	broadband
haut-parleur (m)	loudspeaker
lecteur (m)	player
modalité (f)	condition
ordinateur (m)	computer
panneau (m)	sign
rendez-vous (m)	appointment
répondeur (m)	answerphone
réunion (f)	meeting
séjour (m)	stay
souris (f)	mouse
stationnement (m)	parking
touche (f)	key
unité centrale (f)	CPU

Verbes

annuler	to cancel
appeler	to call
bénéficier	to be entitled
se déchausser	to take off one's shoes
dérober	to steal
enlever	to remove
enregistrer	to record/to save
être en train de	to be in the process of
être reconnaissant(e)	to be grateful
indemniser	to indemnify/to compensate
joindre	to enclose
laisser (un message)	to leave (a message)
manquer	to miss
mettre en demeure	to give formal notice
passer (quelqu'un)	to put through (to someone)
ranger	to put away/to tidy up
rappeler	to call back, to remind
remercier	to thank
rendre	to give back
reporter	to postpone
sauvegarder	to save
savoir gré	to be grateful
signaler	to point out
souhaiter	to wish
supprimer	to delete
télécharger	to download

GLOSSARY

tenir	to hold
se tromper	to make a mistake
verbaliser	to charge/to report
visionner	to view
voler	to steal

Adjectifs

ci-joint(e)	enclosed
férié(e)	public holiday
occupé(e)	engaged/busy

Divers

c'est de la part de qui?	who's calling?
en réponse à ...	further to ...
ne quittez pas	hold the line
sans	without
selon	according to
suite à ...	further to .../ following...
veuillez ... (+ verbe)	please ... (+ verb)

UNIT 6
Si jeunesse savait ...

1 Vous vous souvenez ?

A 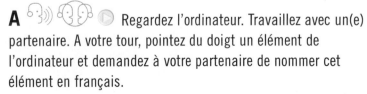 Regardez l'ordinateur. Travaillez avec un(e) partenaire. A votre tour, pointez du doigt un élément de l'ordinateur et demandez à votre partenaire de nommer cet élément en français.

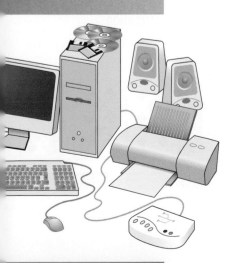

B Lisez les dialogues ci-dessous et choisissez le pronom d'objet correspondant à chaque situation:

1 **Secrétaire:** Société Lemaire, bonjour!

Vous: Bonjour, je voudrais parler à Mme Gilbert, s'il vous plaît.

Secrétaire: Oui, ne quittez pas, je vous *la / le* passe… Allô, je suis désolée, la ligne est occupée. Voulez-vous *la / lui* laisser un message?

Vous: Non, je *lui / la* rappelerai plus tard. Au revoir!

2 **Pierre:** Tu as reçu mon email?

Romain: Non, je ne *les / l'* ai pas reçu. Quand est-ce que tu *me l' / le m'* as envoyé?

Pierre: Hier soir… Attends, je vais essayer de *te lui / te le* renvoyer…

3 **Véronique:** Dis, tu as donné le dossier à Didier et Chantal pour leur réunion demain?

Nadia: Non, je vais le *leur / les* donner ce soir, je *leur / les* vois à 20h00.

Véronique: Si tu vois Bertrand, dis- *lui / -le* de *moi / m'* envoyer le contrat par fax, je voudrais *le / lui* lire.

2 Ce n'est pas le mien, c'est le tien!

A Isabelle, Nasser, Nadia et Christian font du camping. Il pleut. Ils jouent aux cartes dans la caravane. Ecoutez leur conversation.

1 Cochez les cartes que vous entendez:

LEARNING TIP:

Les cartes

cœur	♥
carreau	♦
trèfle	♣
pique	♠

as (m)	*ace*
roi (m)	*king*
dame (f)	*queen*
valet (m)	*jack*
le dix, le neuf, le huit, etc.	

2   Cochez les objets que vous entendez:

LANGUAGE FOCUS

A la vôtre!

In French, using the words *mine, yours, his, hers, theirs* can be quite tricky because each of these words takes a different form depending on whether you are referring to a masculine, feminine, singular or plural noun.

Exemples:

J'ai oublié mon pull.	Prenez **le mien!**	(**pull** is masculine singular)
I forgot my jumper.	*Take **mine**!*	
J'ai oublié mes lunettes.	Prenez **les miennes!**	(**lunettes** is feminine plural)
I forgot my glasses.	*Take **mine**!*	

This is how it works:

	Masc. sing.	Fem. sing.	Masc. plur.	Fem. plur.
mine	le mien	la mienne	les miens	les miennes
yours	le tien	la tienne	les tiens	les tiennes
his/hers	le sien	la sienne	les siens	les siennes
ours	le nôtre	la nôtre	les nôtres	les nôtres
yours	le vôtre	la vôtre	les vôtres	les vôtres
theirs	le leur	la leur	les leurs	les leurs

Note that to say *yours* and *ours*, a circumflex accent is added to the **o**:

votre stylo – le v**ô**tre
votre maison – la v**ô**tre

Si jeunesse savait ...   UNIT **6**

LEARNING TIP:

C'est à moi!

After the verb **être** (*to be*), you can use the following:

Ce stylo est **à moi**.
This pen is mine.

Ce livre est **à toi**.
This book is yours.

Ces lunettes sont **à lui**.
These glasses are his.

Cette bague est **à elle**.
This ring is hers.

Ce sac n'est pas **à nous**.
This bag is not ours.

C'est **à vous**.
It's yours.

Cette voiture est **à eux**.
This car is theirs. (masc.)

Cette voiture est **à elles**.
This car is theirs. (fem.)

B Lisez la liste de noms à gauche et reliez-les avec **le** ou **les** pronoms correspondants:

une assiette	le tien
un bureau	la leur
des livres	la sienne
un verre	les leurs
une gomme	les miens
des enfants	le nôtre
des cigarettes	le sien
un dictionnaire	les vôtres

C Ecoutez encore une fois la conversation de l'activité 2A et répondez aux questions suivantes en cochant la réponse correcte:

1 What was the weather like yesterday?
   a rainy
   b windy
   c beautiful

2 Why does Isabelle prefer Nasser's jumper?
   a It's warmer.
   b It's thicker.
   c It's more comfortable.

3 Why does Isabelle prefer to wear Nasser's trainers?
   a because hers are wet
   b because hers are brand new
   c because hers are a bit too small

4 What's wrong with Nadia and Christian's tent?
   a It's too big.
   b It's bright pink.
   c It leaks.

D ✏️ ⏵ Regardez le tableau ci-dessous et essayez de le remplir en suivant l'exemple donné: **la** voiture.

	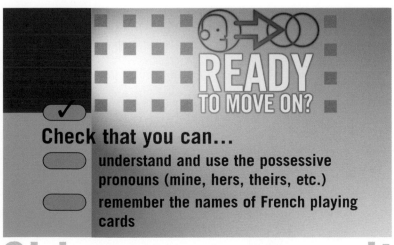		_Vous et_	_Vous_
🚗	la leur	la sienne	la nôtre	la mienne
👥				
🐕				
🏠				
🚲				
🔭				

Check that you can...
- understand and use the possessive pronouns (mine, hers, theirs, etc.)
- remember the names of French playing cards

Look at our website for further practice on possessive pronouns

Si jeunesse savait ... UNIT **6**

3 Mon rêve, c'était d'aller sur la lune...

A Jalila retrouve son amie Muriel au café. Lisez les questions suivantes, puis écoutez plusieurs fois la conversation de Jalila et Muriel et essayez de répondre aux questions en anglais:

1 Why does Muriel think she is pregnant (enceinte)?

2 What happened to Jalila in the morning when she was pregnant?

3 What kind of cravings (fringales/envies) did Jalila have?

4 What does Jalila say about her behaviour towards her husband Philippe?

5 Why did Jalila not exercise during her pregnancy?

6 What did Muriel do last Saturday and Sunday?

B Ecoutez encore une fois la conversation de Muriel et Jalila, puis lisez les phrases ci-dessous. Avec un(e) partenaire, essayez de faire correspondre les éléments de gauche avec ceux de droite pour en faire des phrases complètes. Vérifiez vos réponses en écoutant une dernière fois la conversation.

1 Ça me fait tellement plaisir...

2 Tu avais déjà des fringales de chocolat avant, ...

3 J'étais malade tous les jours...

4 Le matin, quand je me levais...

5 J'avais toujours des envies bizarres...

6 Il y avait des jours...

7 Il téléphonait même à sa mère...

8 Je ne pouvais même pas rester au bureau...

a ... et ça ne voulait pas dire que tu étais enceinte.

b ... pour savoir si c'était normal.

c ... j'avais des nausées terribles.

d ... je mélangeais tout: le sucré, le salé...

e ... de te voir.

f ... je m'endormais sur mon ordinateur.

g ... je ne supportais même pas l'odeur du café.

h ... où je ne supportais personne.

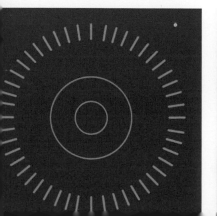

Je m'endormais sur mon ordinateur!

In French, the imperfect tense (l'imparfait) is used:

1 to describe an action or something that happened frequently in the past;
2 to say what something or someone **was like**;
3 to describe what someone **used to do**;
4 to describe what someone **was doing**.

Rappel: The perfect tense (le passé composé) is used for events which only happened once.

Exemples:

J'**étais** malade tous les jours.
*I **was/used to be** sick every morning.*
Le matin, quand je me **levais**, je ne **supportais** pas l'odeur du café.
*In the morning, when I **got up**, I **couldn't stand** the smell of coffee.* (It happened several times or regularly.)
Je **grossissais** à vue d'œil!
*I **was getting fatter** by the minute!*

Unlike the perfect tense (le passé composé), the imperfect is made up of **one** word.
To construct the imperfect tense, use the **nous** form of the present tense:

téléphoner	nous téléphon**ons**
prendre	nous pren**ons**
dire	nous dis**ons**

Then drop the **-ons** and add the following endings:

je	**-ais**
tu	**-ais**
il/elle/on	**-ait**
nous	**-ions**
vous	**-iez**
ils/elles	**-aient**

Note that **-ais**, **-ait** and **-aient** all sound the same.

There is *one* exception – the verb **être: j'étais, tu étais, il était, nous étions, vous étiez, ils étaient**.

Note that *all* verbs in the imperfect tense have the same endings.

Si jeunesse savait ... UNIT 6

C Ⓐ Ⓒ ✏ ▶ Lisez les phrases suivantes et complétez les blancs en utilisant les verbes en italique à l'imparfait.

Exemple: Avant, je ~~travaillais~~ dix heures par jour, mais aujourd'hui, je *travaille* environ 5 heures.

1 Je ⟨⟩ vingt cigarettes par jour, mais aujourd'hui, je ne *fume* plus.

2 Nous nous ⟨⟩ tous les jours, mais aujourd'hui, nous nous *entraînons* seulement une fois par semaine.

3 Elle ⟨⟩ le train pour aller travailler, mais aujourd'hui, elle *prend* sa voiture.

4 Ils ne ⟨⟩ jamais de sport, mais maintenant, ils *font* du vélo tous les jours.

5 Tu ⟨⟩ toujours de mauvaise humeur, mais maintenant tu *es* toujours joyeuse.

6 Avant, nous ⟨⟩ trois langues étrangères au lycée; aujourd'hui, les jeunes *étudient* seulement l'anglais.

7 Il ⟨⟩ toujours en vacances en Bretagne mais cette année, il *va* à Nice.

8 Vous ⟨⟩ une grande maison au bord de la mer, n'est-ce pas? Vous l'*avez* toujours?

9 Hier, il ⟨⟩ beau et chaud, et aujourd'hui il pleut et il *fait* froid.

10 Sophie et Aurore ne ⟨⟩ que des frites, mais aujourd'hui, elles *mangent* des légumes verts.

D 🖊️ 👥 ▶ **Comment diriez-vous…?** (*How would you say…?*)

Travaillez individuellement puis comparez vos réponses avec votre partenaire.
Les verbes à utiliser sont entre parenthèses.

Commencez par: **J'ai rêvé que…**

I dreamt that I had wings and I was flying.	(avoir, voler)
I dreamt that I was walking on water.	(marcher)
I dreamt that you were a fish.	(être)
I dreamt that we were on holiday on the moon.	(être)
I dreamt that we were speaking French fluently.	(parler)
He dreamt that he was losing his teeth.	(perdre)

E 🔊 👥 ▶ Travaillez à deux et en vous référant à l'activité
précédente, donnez trois exemples de rêves que vous avez faits récemment.
Voici quelques expressions qui peuvent être utiles:

la nuit dernière…
l'autre nuit…
l'autre fois…

j'étais…
je faisais…
il y avait…
il n'y avait pas de…
c'était/ce n'était pas…

Si jeunesse savait … UNIT **6**

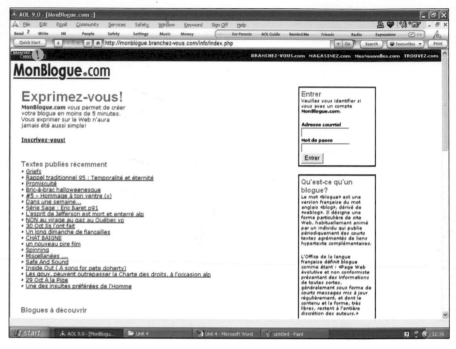

F  Regardez l'article à la page 121 extrait du site internet www.monblogue.com. Notez que 'Loft Story' est l'équivalent français de 'Big Brother'. Lisez ce texte, puis avec un(e) partenaire, essayez de remplir les blancs en choisissant les bons mots dans la liste suivante. Ecoutez le texte pour vérifier vos réponses.

> **mouches   avais   semaine   planète   immense   réveillé
> regardaient   proposait   pieds   écrans   mère   surveillaient**

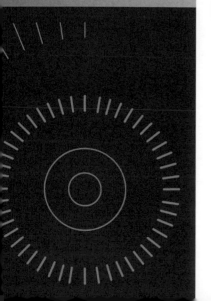

LE MONDE EST UN GRAND LOFT

Dans le magazine *Télémoustique* de cette _____ , le sémillant *Jean-Luc Fonck* (du groupe belge *Sttellla*) _____ une petite chronique intitulée **Nous sommes tous des pensionnaires du « Loft Sorry » ! Désolé**.

L'idée n'est pas neuve : le monde n'est qu'un gigantesque laboratoire destiné à divertir nos amis les Extra-terrestres. [...] J'ai fait un rêve horrible : j'ai rêvé que nous faisions tous partie d'un gigantesque « Loft Story » ! La _____ Terre toute entière était le loft et des Extra-terrestres nous _____ depuis leur salon sur des _____ de télévision. A la différence de « Loft Story », nous n'étions ni candidats, ni volontaires pour participer au jeu. Nous en faisions partie de générations en générations, de père en fils et de _____ en fille.

Je n'ai jamais cru aux enlèvements d'êtres humains par les Extra-terrestres. J'_____ raison : il ne s'agit pas d'enlèvements mais d'éliminations du jeu lors du prime du samedi soir : « ... pour éliminer Mme Durand de Marseille, tapez 1. Pour faire disparaître M. De Smet de Nivelles, tapez 2 » , etc.

Nous étions malgré nous, les naïfs candidats d'un jeu __ _____ , galactique ! Des caméras cachées nous _____ __ 24h sur 24. Ces caméras étaient dissimulées dans les ailes de _____ qui bourdonnent très fort – en fait, si elles bourdonnent si fort, c'est pour couvrir le bourdonnement de la caméra ... écoutez bien ! Nous n'avions jamais eu d'intimité ... nous n'en aurions jamais ! Nous étions épiés de la tête aux _____ ... jusqu'à la mort ! Il ne fallait pas être éliminé trop vite pour avoir encore un peu de temps pour vivre ... jusqu'aux prochaines nominations.

« Ils » avaient même poussé le vice jusqu'à nous laisser organiser nos propres émissions de télé-réalité ! Les monstres ! C'est ainsi que les extraterrestres regardaient à la télé les évolutions des Terriens qui, sur Terre, étaient pris pour des Martiens. [...]
C'est à cet instant précis que je me suis _____ en sursaut ! J'étais en nage ! Ouf ! Ce n'était qu'un vilain rêve !

Glossaire

divertir	*to entertain*	**surveiller**	*to keep watch on*
jeu (m)	*game*	**aile (f)**	*a wing*
enlèvement (m)	*kidnapping*	**mouche (f)**	*fly*
lors	*during*	**bourdonnement (m)**	*buzzing*
taper	*to press*	**épier**	*to spy on*
dissimuler	*to hide*	**en nage**	*bathed in sweat*

Si jeunesse savait ... UNIT 6

4 C'était le bon temps!

A Laurent a invité Jeanine et André (ses grands-parents) et sa fiancée Catherine pour dîner. Ecoutez leur conversation et essayez de répondre aux questions suivantes en anglais.

1 According to Jeanine, what was her grandson Laurent like when he was little?

2 What used he to do when he was 13 or 14 years old?

3 What comments does André make about young people nowadays?

4 What does André regret about doctors today?

5 According to Jeanine, what was school like in her day?

B Vous êtes invité(e) chez votre amie Valérie. Complétez la conversation suivante:

Valérie: Alors, l'entrée vous a plu?

You: Say that it was delicious and that those little mushrooms were really nice.

Valérie: Mais ce n'étaient pas des champignons, c'étaient des escargots!

You: Say that you are a vegetarian. You thought that she knew.

Valérie: Mais, non, je ne savais pas! Mais tu mangeais de la viande avant, non?

You: Say that you used to eat meat when you were little because your mother insisted but you didn't like the smell and the taste.

Valérie: Mais tu ne manges pas de poisson non plus?

You: Say yes, you love fish actually. Say that you remember when you used to go fishing with your friends when you were younger. You got up at 5 am, got ready and walked to the river. You spent all day by the riverside. Explain that you used to chat, laugh, sing, but never caught anything.

Valérie: Moi, mes parents ne me laissaient pas sortir.

You: Say that your parents were very strict as well. For example, when you went fishing, you had to be back home at 5 pm, and you couldn't go out at night. And at weekends, you were working with your parents, they had a little restaurant.

Valérie: Et oui, aujourd'hui les jeunes font tout ce qu'ils veulent! Bon, j'apporte le plat principal. J'ai fait du poulet … mais j'ai une boîte de sardines dans le placard si tu veux!

Si jeunesse savait … UNIT **6**

C [A C] ▷ **Un peu d'histoire. Nos ancêtres les Gaulois.** Lisez l'article 'Idées reçues... et rectifiées!' sur la vie des Gaulois et dites si les affirmations suivantes sont vraies ou fausses.

IDÉES REÇUES... ET RECTIFIÉES!

1 Le Gaulois <u>porte</u> de longues moustaches et des cheveux longs?

Les monnaies gauloises <u>représentent</u> des personnages glabres, aux cheveux courts. Les coiffures <u>sont</u> parfois très sophistiquées et l'usage du miroir et du rasoir est confirmé par les objets de toilette retrouvés dans des tombes.

2 La Gaule <u>est</u> un pays pauvre, arriéré, barbare?

C'<u>est</u> un véritable eldorado, en raison des nombreuses mines d'or que <u>recèle</u> son sous-sol. On y <u>crée</u> de magnifiques bijoux exportés dans tout le monde celtique.

3 Les Gaulois <u>excellent</u> dans la production de sel, même s'ils <u>sont</u> installés à des kilomètres de la mer?

Les bouilleurs de sel gaulois <u>ont</u> une solide réputation et leurs techniques sont aujourd'hui bien connues. Ils <u>exportent</u> leur production dans toute l'Europe.

4 Les Gaulois <u>ont</u> des chiens mais pas de chats?

Le chat n'apparaît qu'au 1er siècle av. J.-C. En revanche, les chiens <u>sont</u> nombreux, mais ils <u>sont</u> élevés comme animaux de boucherie.

5 Les Gaulois <u>vont</u> à la chasse et <u>mangent</u> du sanglier?

La chasse <u>reste</u> occasionnelle, le sanglier <u>est</u> un mets rare. La consommation de viande <u>provient</u> de l'élevage d'animaux domestiques : porc, volaille, mouton, chèvre, bœuf, cheval... et chien.

6 Les Gaulois <u>croient</u> à la vie dans un au-delà après la mort?

Pour rendre hommage aux morts vainqueurs d'une bataille, on <u>laisse</u> leurs corps exposés afin qu'ils soient déchiquetés par les vautours et puissent ainsi gagner le ciel pour être auprès des dieux.

7 Les Gaulois <u>vivent</u> dans des huttes aux toits de chaume, sans confort, et dans des villages non ordonnés?

Les villages <u>sont</u> construits selon des plans précis et certains éléments d'architecture <u>peuvent</u> atteindre 15 m de hauteur (quatre étages).

	Vrai	Faux
1 The Gauls had short hair and were already using mirrors and razors.		
2 The Gauls used to make jewellery from silver.		
3 The Gauls used to export salt around the world.		
4 The Gauls used to breed dogs for their meat.		
5 Boar meat was a rare dish in Gaul and hunting was occasional.		
6 The Gauls buried their warriors as a sign of respect.		
7 Villages and houses in Gaul were methodically built and arranged.		

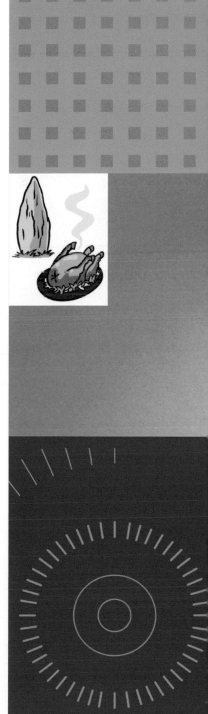

D Relisez l'article 'Idées reçues… et rectifiées!' et mettez les verbes <u>soulignés</u> à l'imparfait.

Si jeunesse savait …

E 🎲 👥 ▶ **Jeu de l'oie** – version 'imparfait'. Placez-vous en groupes de 3 ou 4 personnes. Vous avez besoin d'un dé (*a die*) pour le groupe et d'un pion (*a pawn/piece*) par personne. Chacun(e) à votre tour, lancez le dé et déplacez votre pion en fonction du nombre représenté sur le dé et suivez les instructions inscrites sur la case (*the square*).

Open question: You have about 30 seconds to answer this question using the *imperfect tense*. If you don't answer it, you lose a turn.

Pictures: Make up one or two sentences to describe what you *were doing* (imperfect tense) at the time given according to the picture. If you haven't made a sentence after 30 seconds, you lose a turn.

La première personne qui arrive à l'oie a gagné.
Commencez sur la case 'DEPART'.
Bonne chance et bon amusement!

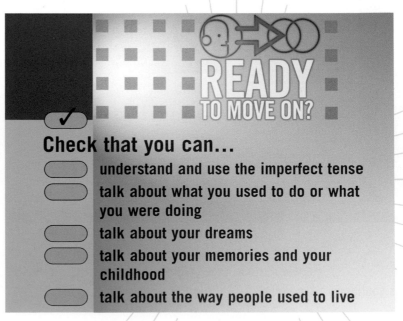

READY TO MOVE ON?

✔ **Check that you can...**
- understand and use the imperfect tense
- talk about what you used to do or what you were doing
- talk about your dreams
- talk about your memories and your childhood
- talk about the way people used to live

Check out our website for further useful links

Jeu de l'oie

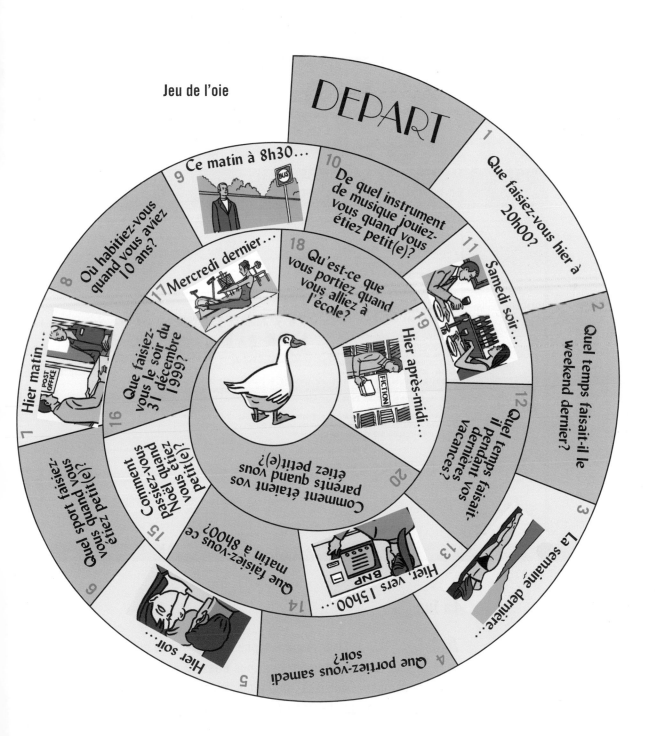

DEPART

1 Que faisiez-vous hier à 20h00?

2 Quel temps faisait-il le weekend dernier?

3 La semaine dernière…

4 Que portiez-vous samedi soir?

5 Hier soir…

6 Quel sport faisiez-vous quand vous étiez petit(e)?

7 Hier matin…

8 Où habitiez-vous quand vous aviez 10 ans?

9 Ce matin à 8h30…

10 De quel instrument de musique jouiez-vous quand vous étiez petit(e)?

11 Samedi soir…

12 Quel temps faisait-il pendant vos dernières vacances?

13 Hier, vers 15h00…

14 Que faisiez-vous ce matin à 8h00?

15 Comment passiez-vous Noël quand vous étiez petit(e)?

16 Que faisiez-vous le soir du 31 décembre 1999?

17 Mercredi dernier…

18 Qu'est-ce que vous portiez quand vous alliez à l'école?

19 Hier après-midi…

20 Comment étaient vos parents quand vous étiez petit(e)?

Si jeunesse savait … UNIT 6

127

La Tunisie

A Lisez le paragraphe suivant sur ce qu'il faut faire quand vous êtes en Tunisie. Imaginez que vous **étiez** en vacances en Tunisie la semaine dernière. Choisissez cinq exemples et écrivez cinq phrases pour expliquez ce que vous **faisiez** (*did regularly/were doing* or *used to do*) ou **ne faisiez pas** pendant vos vacances.

Exemple:

- Se déchausser avant d'entrer dans une pièce d'une maison particulière dont le sol est couvert de tapis.

> Quand j'**étais** en Tunisie, je me **déchaussais** avant d'entrer dans une pièce dont le sol **était** couvert de tapis.

SAVOIR-VIVRE, COUTUMES ET POLITESSE

Ce qu'il faut faire :

- Se déchausser avant d'entrer dans une pièce d'une maison particulière dont le sol est couvert de tapis.
- Répondre à toutes les questions que l'on vous posera et qui, parfois, vous paraîtront indiscrètes.
- Prolonger la pause thé en acceptant plusieurs verres, même si on n'a plus soif.
- Si on a été invité dans une famille, laisser un petit cadeau plutôt que de l'argent.
- Si on a photographié ses amis tunisiens, ne pas oublier de leur envoyer les clichés au retour.
- Pour conjurer le mauvais sort, ouvrir largement la main en étalant les cinq doigts, la paume tournée vers son interlocuteur ; l'effet de ce geste, la *khamsa,* est magique.
- Ne jamais refuser le couscous que l'on vous offre.
- Parler football : les jeunes connaissent toutes les équipes européennes et les noms des joueurs.
- Pour appeler le garçon de restaurant ou de café, dire : « Chef ! »
- Ne jamais passer devant quelqu'un en prière.
- Ne jamais pénétrer dans un lieu saint.
- Eviter de porter le bouquet de jasmin sur l'oreille.

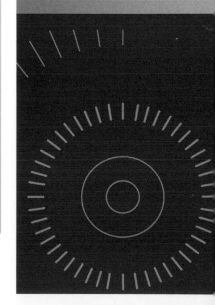

Si jeunesse savait ... UNIT 6

B [A C] ▷ Lisez les quatre paragraphes suivants et répondez aux questions ci-dessous en anglais:

1 Who should be able to recommend you a good Hammam in Tunisia?

2 When going to a Hammam, what should you take with you?

3 Who **must** wear 'la chéchia' and when?

4 What is 'le tombac' and how is it prepared?

5 What do you know about the position of women in Tunisia?

Hammam

En Tunisie, où il y a peu de salles de bains dans les maisons, et où l'hygiène corporelle est scrupuleusement respectée, le hammam tient une place importante.

Pour connaître l'adresse d'un hammam dans une ville, demandez à l'hôtel ou à un pharmacien de vous indiquer le plus recommandable.

Ne pas oublier : serviette, bas de maillot, savon, peigne, tasse (pour recueillir l'eau, car il n'y a que des robinets et certains n'ont pas de douches). Des sandales en plastique sont conseillées ; on en loue cependant sur place pour les étourdis. Après avoir troqué vos vêtements, rangés dans un casier, contre la *fouta,* une sorte de paréo, vous pourrez aller transpirer de la chambre tiède à la chambre la plus chaude [...]

Chéchia

La chéchia est un bonnet de feutre rouge qui ceint le front. Elle est encore portée par les hommes, alors que le reste de la tenue vestimentaire usuelle s'est complètement occidentalisé (pantalon et chemise, comme chez nous). Le port de la chéchia est obligatoire pour les ministres et secrétaires d'État lors des manifestations religieuses.

Chicha

Fumer le *chicha,* c'est en fait fumer du *tombac* dans une pipe à eau (le narguilé). Le *tombac* est une plante très proche du tabac, que l'on fait bouillir. Y ajouter du miel et un peu de citron puis laisser macérer une demi-heure. On en remplit la partie supérieure de la pipe à eau. On dispose par-dessus un bout de charbon de bois incandescent et c'est parti.

Femmes

Dans aucun autre pays musulman, les femmes n'ont la place qu'elles occupent en Tunisie. On en trouve dans la police ou dans les institutions judiciaires tunisiennes. Les femmes sont à l'abri de la répudiation par leur mari. Le divorce, décidé par la Justice, peut être le fait de la femme comme celui de l'homme. Elles sont protégées dans le cadre du code du statut personnel et du code de la famille. La polygamie est désormais interdite, l'avortement a été admis dès 1965 (avant la France), et plus de 60% des femmes ont recours à la contraception.

Glossaire

étourdi(e)	*scatterbrain*
troquer	*to swap/to exchange*
transpirer	*to perspire*
bonnet (m) de feutre	*felt hat*
occidentalisé(e)	*westernised*
ceindre	*to put something round one's head*
être à l'abri de	*to be protected from*

Si jeunesse savait ... UNIT 6

ACCESS FRENCH 2

GLOSSARY

Noms

aile (f)	wing
as (m)	ace (card)
baskets (fpl)	trainers (shoes)
bijou (m)	jewel
bonnet (m) **de feutre**	felt hat
bourdonnement (m)	buzzing
dame (f)	queen (playing card)
élevage (m)	breeding/farming
enlèvement (m)	kidnapping
envie (f)	craving
fringale (f)	craving
gomme (f)	rubber
imperméable (m)	raincoat
jeu (m)	game
lieu (m)	place
lune (f)	moon
mauvais sort (m)	bad luck
mouche (f)	fly
ourlet (m)	hem
parapluie (m)	umbrella
rêve (m)	dream
rideau (m)	curtain
roi (m)	king (playing card)
sanglier (m)	boar
sautes (fpl) **d'humeur**	mood swings
sous-sol (m)	subsoil/basement
toit (m) **de chaume**	thatched roof
valet (m)	jack (playing card)

Verbes

atteindre	to reach
ceindre	to put s.thg round one's head
déchiqueter	to tear to shreds
dissimuler	to hide
divertir	to entertain
épier	to spy on
être à l'abri de	to be protected from
fuir	to leak
grossir	to put on weight
provenir	to come from
receler	to lie hidden
s'endormir	to fall asleep
s'entraîner	to train
supporter	to stand/to tolerate
surveiller	to watch/to keep an eye on
transpirer	to perspire
troquer	to swap/to exchange

Adjectifs

enceinte	pregnant
étourdi(e)	scatterbrain
gênant(e)	embarrassing
neuf (neuve)	brand new
occidentalisé(e)	westernised
sémillant(e)	bright/sparkling

Divers

à vue d'œil	visibly
c'est une perle	he/she is a real gem
couramment	fluently
également	also
en nage	bathed in sweat
lors	during

UNIT 7
Une santé de fer!

> **By the end of this unit you will be able to:**
>
> - Talk about health problems
> - Explain how you hurt yourself
> - Use the perfect tense of reflexive verbs with confidence
> - Talk about the health of your pets
> - Give and express your opinion and give advice
> - Understand the difference between the perfect and imperfect tenses
> - Talk about healthy lifestyles

1 Vous vous souvenez?

A Complétez les phrases suivantes avec les pronoms possessifs (mine, yours, ours, etc) correspondants:

1 Il est comment ton steak? Regarde, _____ (mine) est trop cuit.

2 Tu as vu mes nouvelles boucles d'oreilles? Oh… _____ (yours) sont très jolies aussi.

3 Jacques et Michèle ont acheté un nouvelle cuisine équipée, mais enfin _____ (ours) est beaucoup plus moderne.

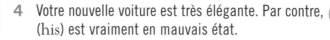
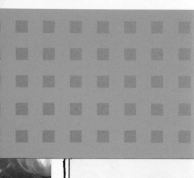

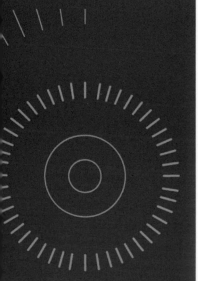

4 Votre nouvelle voiture est très élégante. Par contre, _____ (his) est vraiment en mauvais état.

5 Qu'est-ce qu'ils sont beaux et intelligents nos enfants, hein? Par contre, _____ (theirs) sont grossiers, méchants et idiots!

B  Thierry et Aurélie ont passé une très mauvaise nuit à l'hôtel. Ils ne pouvaient pas dormir à cause des voisins. Regardez les pictogrammes suivants et écrivez cinq phrases pour expliquer ce qui **se passait** (imperfect) hier soir autour de la chambre 202.

1 Chambre 201

4 Chambre 302

2 Chambre 203

5 Salle de bains

3 Chambre 301

6 Devant l'hôtel

2 Attention aux chutes!

A    **Remue-meninges!** Travaillez avec votre partenaire. Vous avez deux minutes pour vous souvenir d'un maximum de parties du corps (*parts of the body*) en français. Ecrivez-les puis comparez vos résultats avec les autres membres du groupe. Attention aux articles!

B  Regardez les pictogrammes ci-dessous puis faites-les correspondre aux phrases suivantes:

1 Je me suis fait mal à l'orteil.

2 Il s'est coupé le doigt.

3 Il s'est foulé le poignet.

4 Tu t'es cassé le bras.

5 Je me suis blessé le genou.

6 Elle s'est tordu le pied.

7 Nous nous sommes cogné la tête.

8 Il s'est égratigné le coude.

a

b

c

d

e

f

g

h

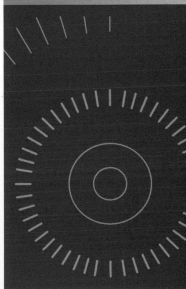

LANGUAGE FOCUS

Je me suis cassé la jambe…

In French, to say that you cut your finger, broke a leg or injured yourself, you use the **reflexive** form of the verb. It is like saying 'I broke myself the leg' or 'I twisted myself the ankle':

casser (*to break*)   becomes   **se casser**
blesser (*to injure*)   becomes   **se blesser**
couper (*to cut*)   becomes   **se couper**

In Unit 2, you saw that **reflexive verbs** in the past (le passé composé/*the perfect tense*) are made with the verb **être** (*to be*) and that their past participles agree with the subject of the sentence (the 'doer' of the action):

Il s'est bless**é**.

Nous nous sommes coup**és**.

Elle s'est bless**ée**.

Nous nous sommes coup**ées**.

Attention! This rule of 'agreement' is no longer valid if you add a **direct object** after the verb, for instance when you add the actual part of the body injured or hurt. Here, to identify the direct object, ask yourself *what* is injured, broken, cut, etc. If the answer to the question *what* comes after the past participle, the latter no longer agrees with the subject.

Elle s'est coup**ée**. *She cut herself.*
What did she cut? – Don't know, it doesn't say! Therefore **coupée** agrees with **elle**.

Elle s'est coup**é** le doigt. *She cut her finger.*
What did she cut? – A finger! Therefore **coupé** does not agree with anything.

Note that in the expression **se faire mal** (*to hurt oneself*), **fait** never agrees with the subject:
Nous nous sommes **fait** mal aux jambes. *We hurt our legs.*
Elle s'est **fait** mal à la tête. *She hurt her head.*

C  **C'est à vous!** Complétez les phrases suivantes en mettant les verbes entre parenthèses au passé composé:

1 Brigitte faisait le jardin quand elle (*se blesser*).

2 Les enfants sont allés jouer au football et ils (*se fouler*) la cheville.

3 Jamel et Sophie faisaient du ski. Sophie est tombée et (*se casser*) la jambe.

4 Elle n'a pas vu la poutre au plafond, elle (*se cogner*) la tête, je crois qu'elle (*se faire*) mal.

5 La petite Emma est tombée de son vélo, elle (*s'égratigner*) les bras et les jambes.

LEARNING TIP:
Les bras m'en tombent!

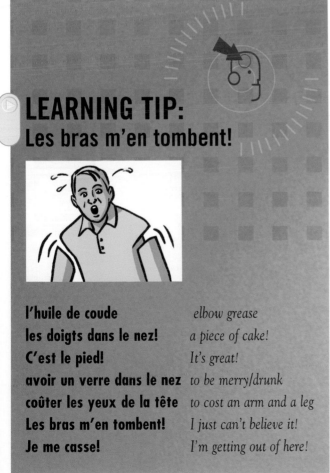

l'huile de coude	*elbow grease*
les doigts dans le nez!	*a piece of cake!*
C'est le pied!	*It's great!*
avoir un verre dans le nez	*to be merry/drunk*
coûter les yeux de la tête	*to cost an arm and a leg*
Les bras m'en tombent!	*I just can't believe it!*
Je me casse!	*I'm getting out of here!*

Check out our website for further practice of the perfect tense of reflexive verbs

Une santé de fer! UNIT 7

D  Lisez la page internet ci-dessous et, avec un(e) partenaire, répondez aux questions suivantes en anglais (utilisez votre dictionnaire si nécessaire):

1 According to the introduction and the fourth paragraph, what kind of accidents occur at home?

2 Who are the main victims?

3 Where in the house do these accidents mostly occur?

4 In the sixth paragraph, what advice is given to elderly people? … and why?

---

seniorplanet.fr Ⓢ
La baby boomer attitude !
Édition du Dimanche 31 Octobre 2004

Découvrez les escapades exotiques en Charente-Maritime

Fête de Saint Quentin · · · · · · · · · · · · **Famille** >> Autonomie · · · · · · · · · · · · Le Club

Recherche
[_____] [ok]
◉ sur seniorplanet Ⓢ
○ sur internet 🌐

Magazine
● Accueil du site
● Argent
● Art de vivre
● Associations
● Culture
● Emploi
● Famille
● Forme-Beauté
● Généalogie
● Nos aînés
● Retraite
● Romance
● Santé
● Voyages

Forums
▸ Place des forums

Pratiques
▸ Méthode Assimil
▸ Bons plans Ⓢ
▸ Croisières
▸ La vidéo chez soi · Nouveau
▸ Location DVD
▸ Outils généalogie
▸ Petites annonces
▸ Rencontres
▸ Thalasso

Services Club
▸ E-cartes
▸ Mon quotidien régional
▸ Newsletters Ⓢ
▸ Météo
▸ Recettes de cuisine
▸ Restaurants
▸ Voyagez malin

Sondages
FIAC : l'Art contemporain
◉ c'est génial
○ c'est spécial
○ c'est crucial
○ aïe aïe aïe !

Halte aux accidents domestiques !

+ Taille du texte
Menu de navigation · · · · 1/5 - page suivante

La maison, synonyme de cocon, est trop souvent le lieu propice aux accidents, notamment pour les personnes âgées. Glissade dans la baignoire, dérapage dans l'escalier, brûlures, etc., tout peut être anticipé. Conseils avertis pour une prévention basée sur le bon sens.

Pas à pas

Et si vous regardiez votre domicile d'un autre œil ? Disons, par exemple, sous l'angle d'un "expert ès-sécurité" ? Simplement, parce que (sans être parano) passer au peigne fin les pièges cachés dans la maison s'avère indispensable pour tous. Et, notamment, lorsqu'on avance en âge.

D'après une dernière étude de l'Institut national de veille sanitaire sur ce thème (Bulletin épidémiologique hebdomadaire de mai 2004), la majorité des accidents de la vie courante (AcVC) - et plus particulièrement les chutes - sont une première cause d'accidents chez la personne âgée de soixante-cinq ans et plus.

Par accident de la vie, entendez des chutes, des suffocations, des intoxications, des noyades ou encore des brûlures. 12 949 personnes de plus de soixante-cinq ans sont décédées suite à l'un ou l'autre de ces AcVC (dont 9 330 décès suite à une chute), 2 631 personnes entre quinze et quarante-cinq ans et 248 enfants de moins de quatorze ans. Si ce chiffre global est inférieur à celui de 1982 (16 073), la situation n'en est pas moins alarmante, sans parler des situations invalidantes souvent mal recensées.
Priorité donc à la prévention ! Jean-Pierre Raffarin s'est lui-même prononcé sur ce fléau : "J'ai décidé de créer un laboratoire ou observatoire de statistiques qui permettrait d'identifier les causes de ces accidents et de lutter contre la stupidité de ceux-ci".
L'objectif du gouvernement est de réduire de moitié le nombre des victimes d'ici cinq ans.

Concrètement, et pour parler des plus dangereux pour les seniors, les chutes se déroulent en priorité dans les lieux où l'on séjourne le plus longtemps : salon, cuisine, chambre. Viennent ensuite les escaliers, la salle de bains, l'entrée et le couloir.

Adapter l'habitat n'est pas synonyme "d'entrer dans le grand âge", bien au contraire. C'est faire preuve d'intelligence et de bon sens pour vivre au mieux les années présentes et à venir.

Suite de l'article :
Halte aux accidents domestiques !
Attention à la chute
Pensez à l'éclairage
Les faux amis
Côté jardin

Les réactions à cet article (12)

Le Club
▸ Identification :
   Pseudo :
   [_____]
   Mot de passe :
   [_____] [ok]
▸ Inscription au club
▸ Mot de passe oublié ?

Notre sélection
Gagnez un séjour escapade en Charente-Maritime

VARIATION®
Fauteuils de repos
CLIQUEZ ICI

Jeux & Rires
Gagnez un week-end en Charente-Maritime

Entraînez-vous avec le quiz santé

▸ Tous les gagnants
▸ Humour & jeux

Plus de liens
Meetic : 6 millions de célibataires
Spécialiste des rencontres, Meetic compte plus de...

Site de rencontres avec webcam
Site de rencontres sur lequel vous pouvez...

Bons plans
Assurance Auto
Payez moins cher votre assurance Auto avec Médéric

Problèmes de faiblesses urinaires ?
Gratuit : les échantillons LIBRA de TENA

E Ecoutez deux ou trois fois l'émission de radio
'Conseils pratiques' présentée par Daniel Dupré et Céline Lefort, puis lisez les
affirmations ci-dessous et avec votre partenaire, dites si elles sont vraies ou
fausses:

	Vrai	Faux

1 Seuls les jeunes sont victimes de chutes.

2 Trébucher, glisser et perdre l'équilibre provoquent
   inévitablement des chutes.

3 La moquette est le revêtement qui occasionne le
   plus de chutes.

4 Le parquet et le carrelage peuvent être dangereux.

5 Il est conseillé de mettre des tapis antidérapants
   dans les couloirs et la cuisine.

6 On peut utiliser du ruban adhésif pour fixer ou
   stabiliser les tapis.

7 Les pastilles autocollantes dans la baignoire sont
   inutiles et très laides.

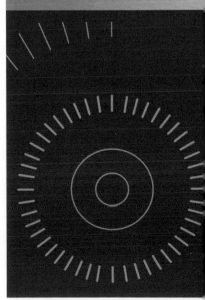

Une santé de fer! UNIT 7

F 🗣️ ✍️ ▷ Vous rencontrez votre ami Jean-Luc dans la rue. Complétez le dialogue suivant en vous aidant des activités précédentes:

Vous: Greet Jean-Luc and ask how he is.

Jean-Luc: Très bien merci, et toi? Tu as l'air en forme! Comment vont les enfants?

Vous: Say that unfortunately your son went skiing last week and he broke a leg and your daughter has chickenpox (la varicelle).

Jean-Luc: Ce sont des choses qui arrivent… Comment va ton mari/ta femme?

Vous: Say that she/he's in hospital, she/he hurt herself/himself in the bath, she/he slipped, fell, and banged her/his head and twisted her/his wrist. But it's not too serious…

Jean-Luc: Ecoute, touche du bois! Allez, je dois filer, embrasse tout le monde pour moi… Fais attention, il y a une marche! Oh! Trop tard! Tu t'es fait mal?

Vous: Say no, you've just scratched your knees, it's nothing …

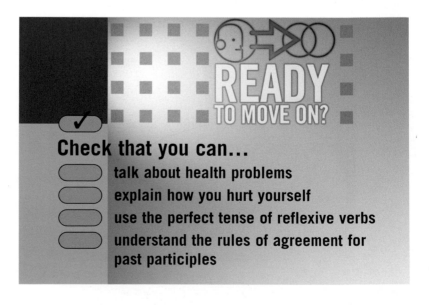

READY TO MOVE ON?

Check that you can...
- talk about health problems
- explain how you hurt yourself
- use the perfect tense of reflexive verbs
- understand the rules of agreement for past participles

3 Chez le véto!

A  **Discussion.** Travaillez en petits groupes de 3 ou 4 personnes et donnez votre opinion oralement sur les trois points suivants (utilisez les expressions données dans 'Learning tip').

1 Les chiens sont des meilleurs compagnons que les chats.

2 Il est difficile d'avoir un animal domestique quand on habite en ville.

3 Les zoos doivent être interdits.

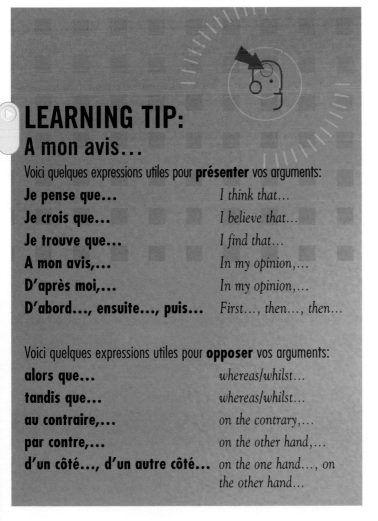

LEARNING TIP:
A mon avis…

Voici quelques expressions utiles pour **présenter** vos arguments:

Je pense que…	*I think that…*
Je crois que…	*I believe that…*
Je trouve que…	*I find that…*
A mon avis,…	*In my opinion,…*
D'après moi,…	*In my opinion,…*
D'abord…, ensuite…, puis…	*First…, then…, then…*

Voici quelques expressions utiles pour **opposer** vos arguments:

alors que…	*whereas/whilst…*
tandis que…	*whereas/whilst…*
au contraire,…	*on the contrary,…*
par contre,…	*on the other hand,…*
d'un côté…, d'un autre côté…	*on the one hand…, on the other hand…*

Une santé de fer! UNIT 7

B 🎲 ▶ Voici un extrait d'un site internet sur les chiens en vacances (page 143). Lisez-le et essayez de répondre aux questions suivantes en français:

1 Vous voyagez avec votre gros chien en voiture. Où est-il préférable de le mettre?

2 Pourquoi ne devez-vous pas laisser un chien dans une voiture au soleil?

3 Pourquoi devez-vous faire des pauses durant le voyage en voiture?

4 Quels sont les trois parasites particulièrement présents en France l'été?

5 Sur quelles parties du corps de votre chien les moustiques peuvent-ils piquer dangeureusement?

6 Sur la plage, quels sont les deux éléments qui peuvent irriter la peau de votre chien?

7 De quoi est-ce que votre chien peut souffrir s'il boit trop d'eau de mer?

Le transport en voiture

Afin d'éviter l'éjection en cas de choc ou la gêne pendant votre conduite, votre chien doit être, suivant son poids:
– dans un panier posé au sol
– attaché sur le siège arrière
– dans le coffre, séparé de l'habitacle par une grille ou un filet de protection

Ne laissez jamais votre chien dans votre voiture au soleil, même pour quelques minutes. Les chiens ne transpirent pas, ils ont beaucoup de difficultés à se refroidir.

Dans la mesure du possible, roulez de nuit, et faites une pause régulièrement pour qu'il puisse boire et se dégourdir les pattes. La nourriture est généralement inutile pendant le voyage.

Les parasites

Attention, la belle saison est la période où les parasites sont les plus nombreux.

Les puces: Elles sont particulièrement présentes dans le sud de la France. Il est préférable de faire un traitement préventif, plutôt que de ramener des puces comme souvenir de vacances!
Les tiques: Elles sont responsables de maladies différentes suivant la région de France: la Piroplasmose dans la grande moitié sud du pays, l'Erlichiose dans l'extrême sud, mais aussi la maladie de Lyme dans le nord-est.
Les moustiques: Même si cela peut prêter à sourire, les moustiques représentent un réel danger pour les chiens. Ils peuvent piquer nos compagnons principalement dans les zones peu poilues: au bout du nez, autour des oreilles…

Dans le sud de la France, les moustiques transmettent deux maladies graves: la Leishmaniose et la Dirofilariose.

La plage

Le sable et le sel peuvent être sources d'irritations de la peau. Pensez à rincer votre compagnon à l'eau douce après chacun de ses bains dans l'eau de mer.
Si votre votre chien boit trop d'eau de mer en jouant il peut également souffrir de diarrhées. N'oubliez pas enfin que votre chien risque de beaucoup souffrir de la chaleur car il ne peut pas transpirer comme nous. Veillez à ce qu'il puisse toujours se reposer à l'ombre et qu'il ait de l'eau fraîche à sa disposition.

C  **Chez le vétérinaire.** Bouchon, le petit chien de Sylvie, est malade. Elle va donc chez le vétérinaire. Ecoutez la conversation puis lisez le résumé suivant. Avec un(e) partenaire, cochez les phrases correctes:

1 **a** Bouchon est un petit chien de huit ans.

   b Bouchon est un petit chien de dix ans.

2 **a** Sylvie est allée à la plage avec Bouchon.

   b Sylvie est allée à la plage sans Bouchon.

3 **a** Quand Sylvie est rentrée à la maison, Bouchon était allongé mais il ne dormait pas.

   b Quand Sylvie est rentrée à la maison, Bouchon lui a fait la fête, comme d'habitude.

4 **a** Bouchon ne voulait ni jouer ni manger.

   b Bouchon a mangé quelques croquettes et joué avec son jouet.

5 **a** Bouchon a mangé une boîte de 250 g de chocolats.

   b Bouchon a mangé une boîte de 500 g de chocolats.

6 **a** Bouchon n'a pas vomi.

   b Bouchon a eu la diarrhée.

7 **a** Le vétérinaire va l'anesthésier et lui faire un lavage d'estomac.

   b Le vétérinaire va seulement le garder en observation jusqu'à ce soir.

LEARNING TIP:
Tu as l'air en forme!

avoir l'air... *to look...*

Tu as l'air fatigué(e).
You look tired.

Il a l'air malade.
He looks ill.

Vous avez l'air triste.
You look sad.

Elle n'a pas l'air bien.
She doesn't look well.

Elle avait l'air joyeuse.
She looked jolly.

Ils avaient l'air déprimés.
They looked depressed.

L'imparfait ou le passé composé?

Passé composé	Imparfait
j'ai travaillé	je travaillais
je suis allé(e)	j'allais

Both tenses are used to express past events.

Use when a single action started and finished (therefore *perfect*): Je suis allé(e) au cinéma. J'ai mangé une pomme.	Use when an action lasted or wasn't finished (therefore *imperfect*). (In English, you use *was/were* + *-ing*): J'allais au cinéma. Je mangeais une pomme.
Use for punctual actions: Je me suis levé(e), j'ai pris un café et j'ai écouté la radio…	Use when describing the 'background' of a story or a scene: Le soleil brillait, les oiseaux chantaient, des enfants jouaient…
Use when adding a 'measured' frequency to the action: L'année dernière, nous sommes allés en France trois fois.	Use when talking about past habits (in English, you use *I used to …*): Quand j'étais petit, j'allais à l'école à pied. Je prenais le bus chaque jour.
	Use when describing what something/someone was like: La maison n'était pas grande mais c'était très confortable.

D Sylvie rencontre son amie Christine dans la rue et lui raconte ce qui est arrivé à Bouchon. Complétez le texte suivant en mettant les verbes entre parenthèses à l'imparfait ou au passé composé, selon la situation:

Christine: Salut Sylvie! Qu'est-ce qui se passe, tu en fais une tête!

Sylvie: C'est Bouchon, je viens de chez le vétérinaire. Il (*manger*) une boîte entière de chocolats. Nous (*aller*) à la plage ce matin. Nous l' (*laisser*) à la maison parce qu'il (*faire*) trop chaud. Quand nous (*rentrer*), il (*être*) là, allongé sur le sol, il ne (*bouger*) plus. Je (*essayer*) de lui donner des croquettes mais il ne (*vouloir*) rien manger. Je l' (*emmener*) chez le vétérinaire…

Christine: Et qu'est-ce que le véto (*dire*)?

Sylvie: Il (*dire*) que ce (*ne pas être*) trop grave. Il l' (*garder*) en observation.

E Regardez l'image 1 et avec votre partenaire, essayez d'identifier tous les animaux en français (avec l'aide d'un dictionnaire si nécessaire) puis décrivez ce qu'ils **faisaient** avant l'arrivée du lion. Ensuite, regardez l'image 2 et décrivez ce que les animaux **ont fait** quand ils ont vu le lion.

4 Demain, je fais régime!

A 🎧✏️⏺ M. et Mme Poulain ne vont pas bien. Ils vont chez le docteur. Ecoutez leur conversation et répondez aux questions suivantes en anglais:

1   What is wrong with M. and Mme Poulain?

2   What does the doctor say about physical activities?

3   What does the doctor say about smoking?

4   What does the doctor say about eating?

● ☺ LANGUAGE FOCUS

Donner des conseils…

Here are some useful expressions to help you give advice and recommendations:

Il faut + verb (infinitive)	*It is necessary to…*
Il est préférable de + verb (infinitive)	*It is preferable to…*
Il est important de + verb (infinitive)	*It is important to…*
Il est primordial de + verb (infinitive)	*It is essential to…*
Vous devez + verb (infinitive)	*You must/have to…*
afin de + verb (infinitive)	*in order to…*
pour + verb (infinitive)	*in order to…*
s'arrêter de + verb (infinitive)	*to stop…*
décider de + verb (infinitive)	*to decide to…*
essayer de + verb (infinitive)	*to try to…*
commencer à + verb (infinitive)	*to start…*
apprendre à + verb (infinitive)	*to learn how to…*
penser à + verb (infinitive)	*to think of/about…*

It works like this:

Moi, je…	**Nous, nous…**
Toi, tu…	**Vous, vous…**
Lui, il…	**Eux, ils…**
Elle, elle…	**Elles, elles…**

Exemples:

Je suis allé me coucher mais **elle, elle** a regardé la télé jusqu'à 3h00.

Tu comprends, toi? **Moi, je** ne comprends rien!

Regarde! **Lui, il** est vraiment beau…

Une santé de fer! UNIT 7

B En utilisant les expressions dans 'Language Focus' et en vous référant à l'activité 4A à la page internet ci-dessous, et à l'article de la page 149, essayez d'écrire un petit paragraphe expliquant comment on peut améliorer sa santé et son style de vie.

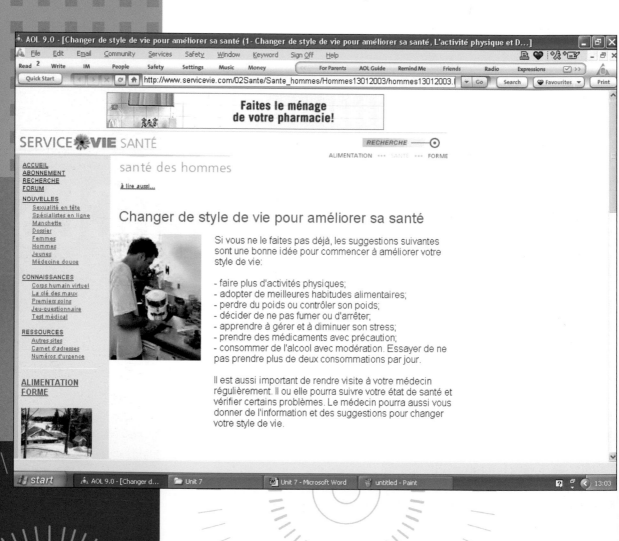

L'ACTIVITÉ PHYSIQUE RÉGULIÈRE:

L'activité physique régulière:

- vous aide à perdre du poids ou à vous maintenir à votre niveau actuel;
- améliore votre humeur et diminue la dépression at l'anxiété;
- peut diminuer les risques d'avoir des maladies du cœur ou un ictus;
- peut aider à prévenir le diabète de type II;
- prévient les douleurs lombaires car l'activité vous permet d'améliorer votre force musculaire, votre endurance, votre souplesse et votre posture.

De quel niveau d'activités ai-je besoin?

La quantité d'activités dépend de l'effort. Plus l'activité exige d'efforts, moins il est nécessaire d'en faire longtemps. Voir les conseils du Guide d'activité physique canadien pour une vie active saine.

Exemples:

Léger 60 minutes par jour: étirements, marche lente, travaux de jardinage

Modéré 30 à 60 minutes, quatre fois par semaine: cyclisme, natation, danse

Vigoureux 20 à 30 minutes, quatre fois par semaine: jogging, hockey, basketball

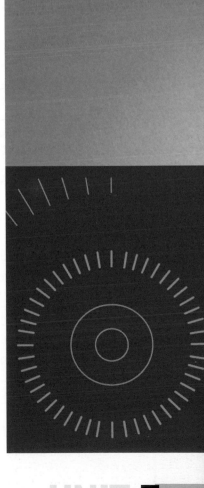

UNIT **7**

C Voici un article paru sur un site internet sur les dangers du téléphone portable. Lisez-le et répondez aux questions suivantes en anglais:

1 What is the only established danger of using mobile phones?

2 When using your mobile, what should you limit?

3 What should you avoid?

4 Where shouldn't you keep your mobile overnight?

5 Why are text messages safer?

SANTE*web*

Allo, docteur ?
Oui, ici SANTE WEB...
posez vos questions
aux spécialistes.

LES TÉLÉPHONES MOBILES SONT-ILS DANGEREUX?

Par le Pr R. MARIANOWSKI

Les téléphones mobiles et leurs relais radio sont-ils nuisibles pour la santé?
Un seul risque a été clairement établi: c'est celui de l'utilisation d'un portable au volant d'une voiture!

Pour le reste, si l'on en croit l'Organisation Mondiale de la Santé (OMS), aucune étude scientifique ne permet de conclure que les ondes électromagnétiques émises par les téléphones mobiles et les antennes des relais radio ont des effets nocifs sur la santé de l'homme.

Ni les pouvoirs publics ni les opérateurs de téléphonie mobile ou les scientifiques ne peuvent garantir que les ondes émises par les antennes et les mobiles sont à 100% inoffensives.

→

Comment se protéger?

Voici quelques moyens pour minimiser les effets des ondes électromagnétiques émises par votre téléphone mobile:

- **Portez le téléphone à votre oreille uniquement lorsque la communication est établie afin de minimiser l'impact des ondes les plus fortes qui sont émises lors de l'établissement de la communication (la puissance s'ajuste automatiquement)**
- **Limitez la durée de vos appels**
- **Limitez le nombre d'appels successifs**
- **Evitez de vous déplacer lorsque la communication est établie**
- **Evitez ou limitez les appels dans les zones à faible réception car la puissance d'émission est plus forte**
- **Utilisez les messages SMS pour diminuer le contact avec la tête**
- **Ne conservez pas votre portable en veille près de vous pendant le sommeil**

Glossaire

onde (f)	*wave*	**SMS (m)**	*text message*
nuisible	*harmful*	**émettre**	*to transmit*
nocif	*harmful*	**sommeil (m)**	*sleep*
au volant	*driving (at the wheel)*	**en veille**	*standby (for appliances)*

D **Discussions.** Travaillez en petits groupes de 3 ou 4 personnes et répondez aux questions suivantes oralement. Développez vos réponses.

1 Est-ce que vous surveillez votre poids? Que faites-vous?

2 Est-ce que vous faites du sport?

3 D'après vous, est-ce qu'il faut complètement interdire la consommation d'alcool?

Une santé de fer! UNIT 7

You will find further useful links
on our website

READY
TO MOVE ON?

✓

Check that you can...

- talk about your pet's health
- express your opinion and give advice
- understand the difference between the perfect and imperfect tenses
- understand and use emphatic pronouns (moi, je...).

Découverte de la FRANCOPHONIE

routard.com

publicité
Qui va retourner
au soleil ?
voyages-sncf.com
CLIQUEZ ICI

GUIDE   ROUTARD MAG   PARTIR   COMMUNAUTÉ   BOUTIQUE   :: RECHERCHE

GUIDE

:: Cambodge

Accueil
Carte d'identité
Avant le départ
Argent
Cuisine et boissons
Culture
Géographie et climat
Hébergement
Santé et sécurité
Traditions
Transports
Vie pratique
Itinéraires conseillés
Liens utiles
Galerie photos
Cartographie

::: NOUVEAU

- Annonces

:: ROUTARD MAG

Pour en savoir plus
sur cette destination
- Infos du monde
→ Norodom Sihamoni
  élu roi
→ Le roi Norodom
  Sihanouk veut
  abdiquer
→ À Tuol Sleng, des
  crânes pour ne pas
  perdre la mémoire
- Carnets de voyage
- Dossiers

:: Cambodge

:: Accueil

On l'a appelé le « pays du Sourire ». C'est toujours vrai, même si le Cambodge est également devenu, hélas, synonyme de génocide et de terreur. Ce n'est pas le moindre paradoxe de ce petit Etat tant médiatisé au travers de ce qu'il a donné de meilleur (Angkor) et de pire (les Khmers rouges). Comment ne pas tomber sous le charme d'un pays si beau et d'une population si attachante ? Peut-être plus encore que ses passionnants voisins du Sud-Est asiatique, le royaume khmer est incroyablement fascinant. Son histoire tourmentée et son peuple immolé peuvent déclencher d'étranges curiosités morbides.
Beaucoup de voyageurs en tombent amoureux, qu'ils y aient trouvé une cause à défendre ou, plus égoïstement, qu'ils aient enfin découvert cette terre humaine où l'on peut se confronter à soi-même. Bref, si vous étiez venus pour Angkor, vous reviendrez pour les Cambodgiens, princes du sourire, qui sont sur le point de retrouver ce qui faisait leur force : la douceur de vivre.

© Manolo Mylonas

Autres destinations

:: PARTIR

→ Symphonie Khmère 1730 €
- Réservez un séjour
- Réservez une voiture
- Réservez un vol
- Réservez une auberge de jeunesse

:: SERVICES

- Météo avec TV5.org
- Comment y aller ?
- Se procurer le visa
- Routard assistance
- Forum
- Change et devises

:: BOUTIQUE

- Commander le guide

start   AOL 9.0 - [:: Routard...   Unit 7   Unit 7 - Microsoft Word   untitled - Paint

Le Cambodge

A [A C] ⏵ Lisez le document suivant sur la cuisine cambodgienne et répondez aux questions en anglais:

1 What kind of cuisine would you expect to find in Cambodia?

2 What kind of food do Cambodians prefer?

3 What are some of the main Cambodian specialities?

4 What kind of unusual food do some Cambodians eat?

5 What comment is made about mangoes in Cambodia?

Cuisine

La cuisine cambodgienne mélange allègrement les influences vietnamienne, thaïlandaise, chinoise et française. Beaucoup de soupes, de riz (aliment de base de la population) et de légumes. De temps en temps de la viande (buffle et porc) mais surtout du poisson et du poulet. Également des tortues d'eau, dans la région du lac, et du gibier (chevreuil) dans les zones forestières. Les préparations sont agrémentées de citronnelle, coriandre, gingembre et *prahoc,* une spécialité khmère qui s'apparente au *nuoc mam* et n'est autre qu'une saumure de poisson.

Parmi les **plats typiques**, les plus courants sont : le poisson grillé (*trey aing*) ou frit (*trey chean),* la soupe de porc (*samla chapek*) ou de poisson (*somla machou banle),* la salade de bœuf (*phlea sach ko*) et les populaires nouilles de riz sauce coco (*khao phoun*). Notons aussi le *loc-lac,* bœuf mariné au citron, servi avec un œuf frit, des oignons et des frites.

Sinon, les curiosités gastronomiques ne manquent pas: certains Cambodgiens sont friands de criquets et d'araignées grillées!

Côté **fruits**, on retrouve tous les parfums des tropiques : bananes, jacquiers, noix de coco, pastèques, etc. Les mangues, exquises, n'ont pas le même goût qu'ailleurs.

B Ⓐ Ⓒ 🔊 🎧 ▷ Travaillez avec un(e) partenaire. Vous travaillez pour un guide de tourisme. Une personne vous téléphone et vous pose des questions sur les boissons au Cambodge (ci-dessous). D'après l'article suivant, répondez à cette personne en français :

1 Est-ce que je peux boire l'eau du robinet au Cambodge ?

2 Est-ce qu'on trouve facilement du vin français ?

3 Est-ce qu'il y a une 'boisson nationale' au Cambodge ?

4 Où peut-on trouver du vin de palme ?

5 Est-ce que le café est meilleur que le thé ?

Boissons

- Également de l'***alcool de riz***.
- Côté Vietnam, à l'est de Phnom Penh, on vous proposera peut-être de l'alcool additionné de... sang frais de cobra ! Ça vaut le coup d'œil : le serpent est saigné devant vous.
- Le ***café*** est en général assez fort mais n'est pas terrible.
- Le ***thé*** est souvent bon, tradition asiatique oblige.

- L'***eau*** du robinet n'est pas potable. On trouve partout des bouteilles d'eau purifiée, très bon marché. Méfiez-vous des glaçons et des jus de fruits pressés, on ne sait jamais dans quelles conditions d'hygiène ils ont été préparés !
- L'une des rares boissons nationales est la ***bière*** *Angkor*, plutôt bonne mais légère.
- On peut trouver du ***vin*** français dans la plupart des restos (chics) de Phnom Penh. Mais le vin australien, de plus en plus répandu, est moins cher.
- Les Khmers consomment surtout du ***vin de palme***, que l'on peut se procurer sur les marchés. Attention, c'est méchant !

GLOSSARY

Noms

araignée (f)	spider
bien-être (m)	well-being
brûlure (f)	burn
carrelage (m)	tile
chevreuil (m)	deer/venison
chute (f)	fall
coffre (m)	car boot
coude (m)	elbow
dérapage (m)	sliding
descente (f) de lit	bedside rug
doigt (m)	finger
filet (m)	net
fond (m)	bottom
gêne (f)	discomfort/ inconvenience
genou (m)	knee
gibier (m)	game (animal)
gingembre (m)	ginger
glissade (f)	sliding
grenouille (f)	frog
hypertension (f)	high blood pressure
moquette (f)	fitted carpet
moustique (m)	mosquito
onde (f)	wave
orteil (m)	toe
parquet (m)	wooden floor
pastèque (f)	water melon
perroquet (m)	parrot
poids (m)	weight
poignet (m)	wrist
poutre (f)	beam
puce (f)	flea
ruban (m) adhésif	sticky paper
robinet (m)	tap
sable (m)	sand
sang (m)	blood
siège (m)	seat
singe (m)	monkey
SMS (m)	text message
sommeil (m)	sleep
varicelle (f)	chickenpox

Verbes

s'allonger	to lie down
apprendre à	to learn how to
s'arrêter de	to stop (doing s.thing)
avoir l'air	to look/to seem
se blesser	to injure oneself
se casser	to break
se cogner	to bang
se couper	to cut oneself
décider de	to decide to
se dégourdir les jambes	to stretch one's legs
échapper à	to escape
s'égratigner	to scratch
émettre	to transmit
se faire mal à	to hurt oneself
se fouler	to sprain
gérer	to manage

Une santé de fer! UNIT 7

GLOSSARY

glissser	to slip
passer au peigne fin	to go through s.thg with a fine-tooth comb
perdre l'équilibre	to lose balance
piquer	to sting/to bite
ramener	to bring back
se refroidir	to get cold
rebiquer	to stick up
répandre	to spread
sourire	to smile
se tordre	to twist
toucher du bois	to touch wood
trébucher	to trip

Adjectifs

alimentaire	food-related
antidérapant(e)	non-slip
autocollant(e)	self-adhesive
grave	serious
nocif(ive)	harmful
nuisible	harmful
poilu(e)	hairy
potable	drinkable
propice	favourable

Divers

à l'ombre	in the shade
à mon avis	in my opinion
afin de	in order to
ailleurs	elsewhere
allégrement	cheerfully
alors que	whereas/whilst
au contraire	on the contrary
au volant	driving (at the wheel)
d'abord	first
d'après moi	in my opinion
d'un autre côté	on the other hand
d'un côté	on (the) one hand
en veille	on standby (appliance)
ensuite	then
par contre	on the other hand
pour	in order to/for
puis	then
tandis que	whereas/whilst

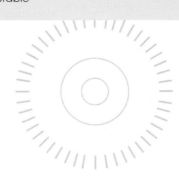

UNIT 8
A temps perdu ...

By the end of this unit you will be able to:

- Talk about your free time and leisure activities
- Explain what you do in your spare time
- Understand and use the words **y** and **en**
- Talk about your holidays and explain what you like doing
- Talk about holiday plans and future projects
- Use the future tense
- Understand the weather forecast

1 Vous vous souvenez?

A **Remue-méninges!** Travaillez avec un(e) partenaire. Lisez chacune des phrases suivantes et essayez d'imaginer la suite. Faites attention aux temps de vos verbes: présent, passé composé, imparfait.

1 Il faisait tellement beau que…

2 Je ne voulais pas aller à cette soirée parce que…

3 Ils ne sortent jamais, voilà pourquoi…

4 Je me suis levé(e) à 6h00 parce que…

5 J'allais prendre un bain quand…

6 J'ai fait d'énormes progrès en français car…

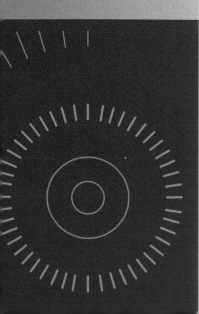

B ✏️ 👥 ▷ Vous êtes allé(e) au musée du Louvre à Paris. Vous avez vu un tableau que vous avez particulièrement apprécié (ci-dessous) et vous essayez maintenant de le décrire à un(e) ami(e). Regardez ce tableau pendant deux minutes, puis fermez votre livre. Avec votre partenaire, écrivez trois ou quatre phrases pour décrire cette peinture. Attention, vous devez utiliser l'imparfait (*the imperfect*):

Exemple: Ce tableau représent**ait** un déjeuner en famille, il y av**ait** …

FRANÇOIS BOUCHER
1703–1770
Le déjeuner
1739

2 Loisirs

A 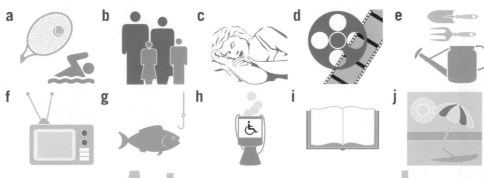 Lisez l'article de Matthieu Riberry. Regardez les pictogrammes ci-dessous et cochez les activités qui ne sont pas mentionnées dans l'article:

A temps perdu ...

B 🎲 👥 ▶ Dans la grille ci-dessous, dix activités de loisirs sont cachées horizontalement et verticalement. Travaillez avec un(e) partenaire et essayez de les retrouver:

V	Z	M	I	O	V	B	G	U	E	N	A	C
A	C	L	K	M	A	R	C	H	E	L	U	T
X	A	E	L	S	K	I	H	B	S	A	V	H
U	G	C	O	S	U	C	O	U	T	U	R	E
L	P	T	Y	C	I	O	T	R	Q	V	O	A
Q	W	U	T	I	P	L	O	N	G	E	E	T
J	A	R	D	I	N	A	G	E	U	L	M	R
E	R	E	H	O	S	G	E	N	I	O	T	E
N	T	S	C	E	P	E	C	H	E	A	U	X

C 🎲 ✏️ 👥 ▶ **Remue-méninges!** Lisez les groupes de mots suivants. Chaque groupe se réfère à une activité de l'exercice précédent. Essayez d'associer chaque groupe de mots avec l'activité correspondante, puis avec votre partenaire, imaginez un troisième mot pour compléter la série:

Exemple:

la scène – l'acteur: **le théâtre**

Troisième mot: **le rideau (the curtain)**

1   le livre – le paragraphe:

2   la tondeuse à gazon – les fleurs:

3   le marteau – la peinture:

4   les pieds – les baskets:

5   la neige – la montagne:

6   le coton – l'aiguille:

7   la bouteille d'oxygène – le masque:

8   la canne – la rivière:

9   la pédale – la chaine:

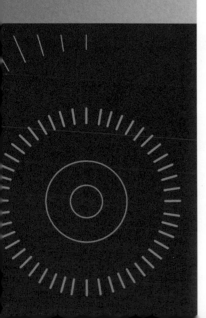

D Denis est dans son salon, il lit un article de journal sur les loisirs des Français. Il parle à sa femme, Karine. Ecoutez leur conversation et remplissez le tableau suivant en anglais:

Number of French people or percentage of French people (%)	Activities or assets
50%	Go to the cinema.
43%	( ).
40%	( ).
35%	( ).
( )	Have a telephone, ( ), car radio, ( ), ( ) and a mobile phone.
( )	Have a ( ), a printer, ( ) and ( ).
1 in 4	Have a ( ), a scanner, a camcorder, ( ) and ( ).

LANGUAGE FOCUS

Je m'en fiche, j'y vais quand même!

1 The word **en** means *of it*, *of them*, *some* or *any*:

Exemple: Vous avez des enfants?

Oui, j'**en** ai trois.   *I've got three (of them).*

Vous avez de la monnaie?   *Do you have any change?*

Désolé(e), je n'**en** ai pas.   *Sorry, I don't have any.*

Note that in English, you wouldn't always use 'of it' or 'of them', but in French the word **en** is compulsory.

2 The word **en** is also used with verbs followed by **de**, such as **s'occuper de...** (*to look after...*), **avoir besoin de...** (*to need...*), **se servir de...** (*to use...*) when you want to say *it* or *them*:

Tu as besoin **de** ce stylo?   *Do you need this pen?*

Oui, j'**en** ai besoin.   *Yes, I need **it**.*

Qui s'occupe **des** plantes à la maison?   *Who looks after the plants at home?*

En général, ma mère s'**en** occupe.   *Generally, my mother looks after **them**.*

3 The word **y** generally means *there*.

Vous allez souvent au cinéma?   *Do you often go to the cinema?*

J'**y** vais chaque semaine.   *I go (there) every week.*

Vous voulez **y** aller avec moi?   *Do you want to go (there) with me?*

Note that in French, the word **y** is often used where in English, the word 'there' would be left out.

4 The word **y** is also used with verbs followed by **à**, such as **penser à...** (*to think of/about...*), **s'intéresser à...** (*to be interested in...*) when you want to say *it* or *them*.

Vous vous intéressez **aux** timbres?   *Are you interested in stamps?*

Non, je ne m'**y** intéresse pas vraiment.   *No, I'm not interested (in them) really.*

5 As with all the pronouns we saw in Unit 5, **y** and **en** are placed *before* the verb unless you are using an imperative (giving instructions or orders):

Vas-y!   *Go (there)!*

Prenez-en deux ou trois!   *Take two or three (of them)!*

6 Finally, there are a number of common expressions in French which use **y** and **en**:

Il y a…	*There is…/There are…*
Il y en a / Il n'y en a pas.	*There is some/There isn't any.*
Ça y est!	*That's it!/I've finished!*
Ils s'en vont.	*They're going away.* (from **s'en aller** *to go away*)
Va-t-en!	*Go away!* (*Get out!*)
Je m'en fiche!	*I don't care!*

E 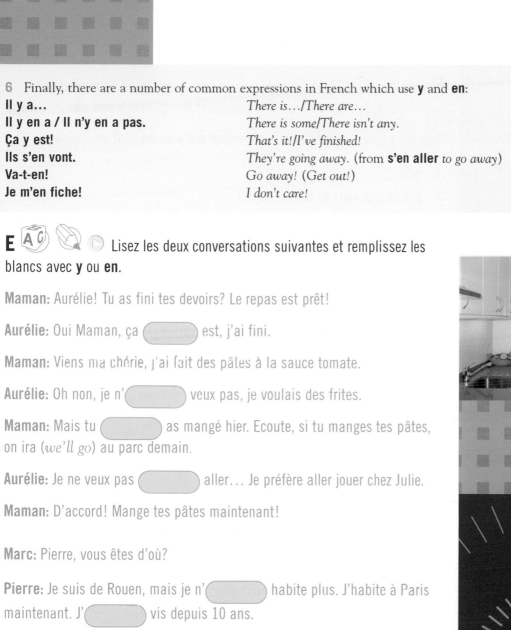 Lisez les deux conversations suivantes et remplissez les blancs avec **y** ou **en**.

Maman: Aurélie! Tu as fini tes devoirs? Le repas est prêt!

Aurélie: Oui Maman, ça ⬭ est, j'ai fini.

Maman: Viens ma chérie, j'ai fait des pâtes à la sauce tomate.

Aurélie: Oh non, je n' ⬭ veux pas, je voulais des frites.

Maman: Mais tu ⬭ as mangé hier. Ecoute, si tu manges tes pâtes, on ira (*we'll go*) au parc demain.

Aurélie: Je ne veux pas ⬭ aller… Je préfère aller jouer chez Julie.

Maman: D'accord! Mange tes pâtes maintenant!

Marc: Pierre, vous êtes d'où?

Pierre: Je suis de Rouen, mais je n' ⬭ habite plus. J'habite à Paris maintenant. J' ⬭ vis depuis 10 ans.

Marc: Vous vous êtes habitué à la vie parisienne, j'imagine…

Pierre: Oui, je m' ⬭ suis habitué. C'était difficile au début mais…

Marc: Et vous avez des amis à Paris?

Pierre: Oui, j' ⬭ ai quelques-uns mais j' ⬭ ai plus en Normandie. C'est normal, j' ⬭ ai passé toute mon enfance.

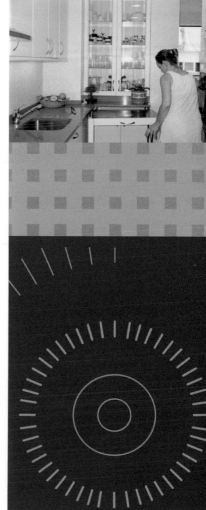

A temps perdu ... UNIT **8**

F 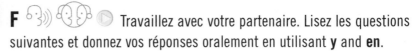 Travaillez avec votre partenaire. Lisez les questions suivantes et donnez vos réponses oralement en utilisant **y** and **en**.

Pour vous aider, les éléments à remplacer par **y** ou **en** sont *en italiques*.

1 Comment allez-vous *au travail*?

2 Est-ce que vous faites *du sport*?

3 Est-ce que vous allez souvent *au pub* ou *au café*?

4 Est-ce que vous avez *des enfants*?

5 Est-ce que vous jouez *au loto* ou *à la loterie*?

6 Est-ce que vous faites *du bricolage* quelquefois?

7 Est-ce que vous écrivez ou envoyez beaucoup *d'emails*?

8 Etes-vous déjà allé(e) *en France*?

G  Ecoutez encore une fois la conversation de Karine et Denis (activité 2D) et trouvez l'équivalent en français des phrases suivantes:

1 It means…

2 We don't have any money to waste.

3 If you're bored, you can finish wallpapering the children's room.

4 Does your article mention our garden?

5 When are you going to trim the hedge?

Go to our website for further practice of **y** and **en**

3 Qu'est-ce qu'on fait pour les vacances?

A  **Discussion: qu'est-ce que vous aimez faire quand vous êtes en vacances?** Avec un(e) partenaire, pendant cinq minutes, discutez et comparez vos activités de vacances préférées.

B Muriel et Jérôme parlent de leurs projets de vacances. Ecoutez leur conversation et répondez aux questions suivantes en anglais:

1 Where did Muriel think they'd go on holiday this year?

2 Where are they actually going?

3 Why is this region very interesting?

4 Where will they be staying?

5 What mistake did Jérôme make in terms of date?

6 What has Muriel now decided to do?

C  Ecoutez encore une fois la conversation de Muriel et Jérôme et cochez les activités que vous entendez:

1 faire du ski nautique

2 faire de la voile

3 voir les volcans

4 prendre des bains de soleil

5 jouer au football

6 faire du cheval

7 visiter les châteaux

8 faire des promenades

9 se reposer

10 faire des randonnées à vélo

11 faire des excursions

12 aller dans des boîtes de nuit

LANGUAGE FOCUS

Qui vivra verra!

There are three ways to express the future in French:

1 Use the present tense together with a time expression referring to the future.

Je **finis** à 8h00 **ce soir**.   *I **am finishing** at 8pm **tonight**.*

L'année prochaine, nous **partons** en Irlande.   ***Next year**, **we are going** to Ireland.*

2 Use the verb **aller** (*to go*) followed by a verb (infinitive form).

Je **vais visiter** les châteaux.   *I **am going to visit** the castles.*

Ils ne **vont** pas **louer** une voiture.   *They **are not going to hire** a car.*

3 The third form of the future corresponds to *I shall…* or *I will…* in English. It is called **le futur simple** and is used to talk about future plans.

Nous **mangerons** au restaurant tous les soirs.   *We shall/will eat in the restaurant every evening.*

Elle **sortira** avec ses amis.   *She'll go out with her friends.*

Je **prendrai** des bains de soleil.   *I'll sunbathe.*

To make 'le futur simple', keep the infinitive form of the verb and add the following endings:

je	**-ai**
tu	**-as**
il/elle/on	**-a**
nous	**-ons**
vous	**-ez**
ils/elles	**-ont**

Note that for **-re** verbs (prend**re**, écri**re**, perd**re**, etc.), you need to drop the final **e** before you add the endings.

Exemples:

	manger	**finir**	**lire**
je	manger**ai**	finir**ai**	lir**ai**
tu	manger**as**	finir**as**	lir**as**
il/elle/on	manger**a**	finir**a**	lir**a**
nous	manger**ons**	finir**ons**	lir**ons**
vous	manger**ez**	finir**ez**	lir**ez**
ils/elles	manger**ont**	finir**ont**	lir**ont**

Qui vivra verra!

There are of course exceptions. Some verbs change their 'stem/root' but the endings remain the same as above:

être (*to be*)	je serai, tu seras, nous serons…
avoir (*to have*)	j'aurai, tu auras, il aura…
aller (*to go*)	j'irai, vous irez, elles iront…
voir (*to see*)	je verrai, nous verrons…
faire (*to do/make*)	je ferai, ils feront…
venir (*to come*)	je viendrai, tu viendras, elle viendra…

D Relisez les 12 expressions de l'activité 3C et conjuguez chaque phrase au **futur simple** avec **je**, **vous** et **nous**.

LEARNING TIP: Futur simple et impératif

In French, **le futur simple** can be used to give an order or instruction to someone:

Vous lui **direz** bonjour de ma part. *Say hello to him for me.*

Quand vous **arriverez** aux feux, vous **tournerez** à gauche. *When you reach the traffic lights, turn left.*

Vous **visiterez** le château, il est magnifique! *Visit the castle, it's wonderful!*

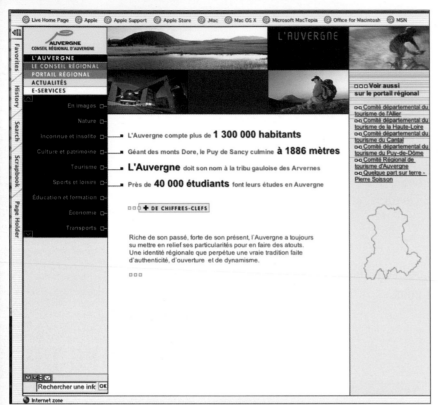

E Vos amis partent en vacances en Auvergne cet été. Vous décidez de leur écrire pour leur expliquer tout ce qu'ils pourront faire dans cette belle région. Faites un court résumé des détails donnés dans l'article ci-dessous.

Essayez d'utiliser les verbes suivants: **découvrir, visiter, aller, prendre, rester, trouver, faire, voir** mais aussi **pouvoir** et **devoir**.

Commencez votre lettre par:

Chers amis,
Quelle chance vous avez d'aller passer vos vacances en Auvergne. Quand vous y serez…

Glossaire

parmi	*amongst*
prisé	*valued*
disposer de	*to have (at one's disposal)*
méridional	*southern*
jaillir	*to gush*
atteindre	*to reach*
alimenter	*to feed*
répartir	*to spread*
mettre tout en œuvre	*to do everything possible*
hébergement (m)	*accommodation*
faillir à	*to fail in*
quoi qu'il en soit	*however that may be*

L'AUVERGNE…

Réserve d'espaces protégés, de nature et d'air pur, l'Auvergne est l'une des toutes premières régions thermales de notre pays.

Ses trésors architecturaux, ses parcs naturels, ses paysages et ses villages parmi les plus beaux de France en font aussi une destination touristique très prisée.

Sports de haut niveau, sports passion ou loisirs sportifs tels que randonnées, sports d'hiver, sports aquatiques et aériens, l'Auvergne dispose de grands espaces naturels et de tous les équipements nécessaires à la pratique sportive.

Chaudes-Aigues, dans le Cantal, est la plus méridionale des stations thermales d'Auvergne et possède les eaux thermales les plus chaudes d'Europe. Trente sources y jaillissent, dont la source du Par, qui atteint 82°C. Durant toute l'année, une partie des eaux du Par sert à alimenter différentes fontaines publiques réparties dans la ville. Les habitants l'utilisent pour la vaisselle, la lessive, le nettoyage et même la cuisson des aliments. Au printemps elle est évidement canalisée vers l'établissement thermal. En dehors de la saison thermale, l'eau du Par est distribuée pour assurer le chauffage des maisons.

L'AUVERGNE (SUITE)

Pour accueillir les visiteurs, les Auvergnats mettent tout en œuvre. 1 200 hôtels pour plus de 49 000 lits, 8000 meublés tourisme, 2 300 gîtes ruraux, 367 campings, 46 aires pour camping-cars, 29 villages de vacances. Tous les types d'hébergements sont proposés, à chacun de choisir celui qui lui conviendra. Quoi qu'il en soit, l'hospitalité auvergnate ne faillira pas. Que ce soit en ville ou à la campagne, en camping, à l'hôtel ou chez l'habitant... le confort, la qualité du service, l'accueil, seront toujours présents. Soyez les bienvenus en Auvergne!

F Votre professeur va vous donner une carte sur laquelle se trouvent les détails de vos prochaines vacances. Regardez bien cette carte, puis répondez aux questions que votre partenaire va vous poser.

READY
TO MOVE ON?

✓

Check that you can...

- talk about your free time and leisure activities
- explain what you do in your spare time
- understand and use the words **y** and **en**
- talk about your holidays
- explain what you like doing on holiday
- use the future tense

LEARNING TIP:
Petits rappels!

in and *to*

à + town/city

en + country (f)

au + country (m)

aux + country (pl)

dans + region

Transport

en + means of transport:
en voiture, en car, en train, en avion

Mais attention!

à pied, **à** cheval, **à/en** vélo, **à/en** moto

Go to our website for further practice on the future tense

A temps perdu ... UNIT **8**

4 J'ai l'intention de ne rien faire du tout!

A Corinne fait une enquête sur les vacances. Elle demande à des passants dans la rue ce qu'ils ont l'intention de faire cet été. Ecoutez les quatre conversations, puis lisez les résumés en anglais ci-dessous. Sont-ils vrais ou faux?

	Vrai	Faux

1 No holiday plan for this man this year. He and his wife intend to redecorate their house and build a conservatory.

2 Going to Germany for three weeks to their friends' wedding and to visit their son-in-law.

She's joining a German class from tomorrow.

3 Intended to go to South America but due to car problems (they might have to buy a new one), they'll go and spend a couple of weeks in the Loire Valley.

4 Doesn't know yet. She's studying for a degree in Tourism and if she passes it, she'd like to go on holiday with her boyfriend.

LANGUAGE FOCUS

Les projets

To talk about things that you'd like to do or intend to do, use the following expressions:

j'ai l'intention de + verb (infinitive form)
J'ai l'intention de faire le tour du monde.

I intend to…
I intend to go round the world.

je compte + verb (infinitive form)
Je compte finir plus tôt ce soir.

I intend to…
I intend to finish earlier tonight.

j'espère + verb (infinitive form)
J'espère réussir mes examens.

I hope to…
I hope to pass my exams.

je pense + verb (infinitive form)
Je pense emmener mes parents en vacances.

I'm thinking of…
I'm thinking of taking my parents on holiday.

je voudrais + verb (infinitive form)
Je voudrais apprendre l'allemand.

I'd like to…
I'd like to learn German.

j'aimerais + verb (infinitive form)
J'aimerais rester à la maison ce soir.

I'd like to…
I'd like to stay in tonight.

B  Complétez les deux dialogues suivants:

1 **Corinne:** Bonjour madame/monsieur, qu'est-ce que vous avez l'intention de faire pour les vacances?

Vous: Say that you're going to stay at home this year because you intend to redecorate your house.

Corinne: Mais vous n'allez pas partir du tout?

Vous: Say no, because you would also like to buy a conservatory, and it's quite expensive. But say that next year, you hope to go to America with your husband/wife.

2 **Corinne:** Madame/Monsieur s'il vous plaît, où allez-vous en vacances cette année?

Vous: Say that you're not sure… You're thinking of going to Mexico. You'd like to take your husband/wife there for your wedding anniversary.

Corinne: Quel beau cadeau! Et vous parlez espagnol?

Vous: Say that you can get by (se débrouiller) but you intend to join an evening class next week.

C **Discussion.** Travaillez avec votre partenaire et répondez aux questions suivantes oralement:

Qu'est-ce que vous avez l'intention de faire…

1 …ce soir?

2 …pour les prochaines vacances?

3 …le week-end prochain?

A temps perdu … UNIT 8

D ✎ ▷ **Remue-méninges! La pluie et le beau temps.** Vous avez deux minutes pour écrire un maximum de mots ou expressions qui se rapportent au temps (*the weather*). Comparez ensuite votre liste avec celle de votre partenaire. Mais tout d'abord *fermez votre livre*.

▷ LANGUAGE FOCUS

Quel froid de canard!

To describe the weather, the French generally use the expressions **Il fait...**
(from the verb **faire**) or **Il y a de...**
To talk about what the weather *will be* like:

il fait	becomes	**il fera...** (or **il va faire...**)
il y a de...	becomes	**il y aura de...** (or **il va y avoir de...**)

Il fera + adjective

Il fera beau / mauvais.

Il fera chaud / froid.

Il fera de + noun / **Il y aura de** + noun

Il fera / Il y aura du soleil.

Il fera / Il y aura du vent.

Il fera / Il y aura de l'orage.

Il fera / Il y aura du brouillard.

Il fera un temps + adjective

Il fera un temps couvert.

Il fera un temps nuageux.

Il fera un temps orageux.

Il fera un temps pluvieux.

Verbes

Il pleuvra (Il va pleuvoir)

Il neigera (Il va neiger)

Il gèlera (Il va geler)

E 🎧 ▶ Ecoutez le bulletin météorologique de Jacques Bourdeau. Cochez les mots que vous entendez:

orages	⬭	grêle	⬭
pluie	⬭	rafales	⬭
ondées	⬭	couvert	⬭
coups de tonnerre	⬭	brouillard	⬭
neige	⬭	fraîcheur	⬭

F 🎧 ▶ Ecoutez encore une fois le bulletin météo et répondez aux questions en anglais:

1 What will the weather be like in the North-East of France?

2 What will happen from the middle of the day in the Massif Central?

3 What weather can you expect for this afternoon if you are in Brittany?

4 Will the weather be cloudy in the South of France?

5 What will the temperatures be in the South-West of France?

G 🔠🎧 ▶ Lisez la suite du bulletin météo de Jacques Bourdeau ci-dessous. Votre professeur va vous donner une carte de France. Avec votre partenaire, illustrez cette carte en dessinant les symboles météo sur les régions mentionnées dans le texte.

Sur les régions au nord de la Loire, le soleil s'imposera, parfois accompagné de quelques nuages de beau temps. Un voile nuageux viendra toutefois le perturber en fin d'après-midi sur le nord-ouest. De la Vendée aux Landes, au Jura et aux Alpes, les nuages resteront nombreux, mais le soleil réussira de belles percées. Un tendance aux averses persistera tout de même sur le Massif Central, le Jura ou les Alpes. Quelques orages pourront encore se déclencher sur le relief alpin et jurassique. Autour de la Méditerranée le Mistral, Tramontane et vent d'ouest sur le littoral dégageront le ciel avec des rafales jusqu'à 80 km/h. Sur le sud-ouest, la grisaille matinale aura parfois du mal à se dissiper, mais le soleil finira par l'emporter. Les températures resteront chaudes avec des minimales de 14 à 18 degrés au nord, 12 à 14 près de la Manche, 17 à 21 au sud, jusqu'à 24 près de la Grande Bleue. Les températures maximales atteindront 32 degrés sur les régions les plus au sud.

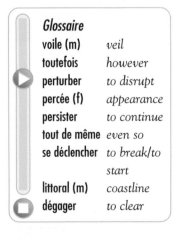

Glossaire
voile (m)	*veil*
toutefois	*however*
perturber	*to disrupt*
percée (f)	*appearance*
persister	*to continue*
tout de même	*even so*
se déclencher	*to break/to start*
littoral (m)	*coastline*
dégager	*to clear*

H 🔊 ✍ 👥 ▷ Votre professeur va vous donner les prévisions météorologiques de votre région/pays (exemples sur cette page). En vous inspirant des activités précédentes, préparez un bulletin météo en français. Incluez le temps qu'il fait aujourd'hui, le temps qu'il fera demain ainsi que les températures minimales et maximales. Bon amusement!

Check out our website for further practice on activities in this unit

READY TO MOVE ON?

✓

Check that you can...

- talk about your holiday plans
- describe your future plans
- explain what you intend to do
- understand the weather forecast

Découverte de la FRANCOPHONIE

routard.com

GUIDE   ROUTARD MAG   PARTIR   COMMUNAUTÉ   BOUTIQUE   :: RECHERCHE

GUIDE

:: Réunion

Accueil
Carte d'identité
Avant le départ
Argent
Cuisine et boissons
Culture
Géographie et climat
Hébergement
Santé et sécurité
Sports et loisirs
Traditions
Transports
Vie pratique
Itinéraires conseillés
À voir, à faire
Liens utiles
Galerie photos
Cartographie

::: NOUVEAU

• Annonces

:: ROUTARD MAG

Pour en savoir plus
sur cette destination
• Infos du monde
• Le piton de la
  Fournaise s'offre un
  deuxième cratère
• Une coulée de lave
  du piton de la
  Fournaise bloque la
  N2
• Congaïs puise des

:: Réunion

:: Accueil

La Réunion, c'est l'île verticale, l'île montagne. Amis des randonnées au long cours, des balades en forêt, des baignades dans les bassins d'eau douce et des nuits dans les chaleureux gîtes de montagne, vous êtes arrivés.
Quel contraste entre la folle exubérance d'une nature souveraine qui impose sa loi au centre de l'île et cette terre plus aride sur les pentes de la Fournaise un peu plus au sud.
L'autre richesse de l'île, c'est sa population et ses traditions, forte d'un métissage étonnant venu des quatre coins de l'océan Indien : Africains, Blancs, Indiens, Tamouls, Malgaches, Comoriens et aussi Chinois se sont retrouvés ici pour faire revivre leurs traditions et en créer de nouvelles. Sans oublier les habitants des Hauts, tellement séduisants avec leurs cases fleuries, leur cuisine épicée, leurs coutumes, leurs redoutables punchs et leur accent chantant.

© Anne Steinlein

Autres destinations

:: PARTIR

→ Combiné Réunion - Maurice
  995 €
→ Paris - La Réunion 610 €
• Réservez un séjour
• Réservez une voiture
• Réservez un vol
• Réservez un hôtel au meilleur
  prix
• Réservez votre croisière
• Réservez une auberge de
  jeunesse

:: SERVICES

• Météo avec TV5.org
• Comment y aller ?
• Routard assistance
• Forum

:: BOUTIQUE

start   AOL 9.0 - [:: Routard...   Unit 8   Unit 8 - Microsoft Word   untitled - Paint

La Réunion

A  Lisez le petit texte suivant (page 176) sur la langue parlée à La Réunion et répondez aux trois questions en anglais:

1   What is the official language in La Réunion?

2   How is 'le créole' described?

3   What do some people think about 'le créole' at school?   →

A temps perdu ... UNIT 8

LANGUE

La plupart des Réunionnais parlent le créole, même si la langue officielle est évidemment le français.

Phonétiquement et grammaticalement, la langue créole ressemble un peu à un patois chantant. Les mots sont avalés, les liaisons très prononcées, la grammaire est simplifiée. L'orthographe n'existe pas.

Depuis quelques années, la langue créole est enseignée à l'université de Saint-Denis, et certains pensent à juste titre que l'enseignement du français devrait se faire comme une langue étrangère chez les enfants de l'école primaire.

B 🔤 ✏️ ▷ Lisez les informations suivantes (page 177). Vous décidez d'organiser une randonnée: écrivez trois phrases pour expliquer ce que vous **ferez** ou **ne ferez pas** d'après les conseils donnés dans le texte (utilisez les verbes surlignés).

Exemple:
Je me reporterai aux guides car il y a des centaines de kilomètres de sentiers.

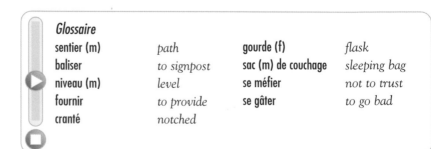

Glossaire			
sentier (m)	*path*	gourde (f)	*flask*
baliser	*to signpost*	sac (m) de couchage	*sleeping bag*
niveau (m)	*level*	se méfier	*not to trust*
fournir	*to provide*	se gâter	*to go bad*
cranté	*notched*		

RANDONNÉES

L'île de La Réunion est un endroit extraordinaire et particulièrement attrayant pour la marche ! L'ONF a balisé des centaines de kilomètres de sentiers, de tous niveaux. Se reporter aux guides fournis par *La maison de la montagne.*

Conseils utiles

– S'informer *sur la météo avant de partir*
– *Vêtements :* prévoir *un pull, un coupe-vent imperméable et, bien sûr, de bonnes chaussures de marche, légères et crantées ; des pastilles de Micropur pour les aventuriers sinon des bouteilles d'eau, une lampe de poche ou frontale. Indispensables : un chapeau malgache ou un bandana, de la crème solaire et une gourde (2 à 3 l).*

– *Provisions et affaires :* les provisions sont disponibles sur place (sauf le dimanche, voire le lundi) et la plupart des gîtes de montagne servent des repas. Si vous pensez bien à réserver votre hébergement, le sac de couchage n'est pas indispensable. En revanche, le sac à viande est conseillé.
– *Altimètres :* attention, il faut s'en méfier car ils donnent de fausses indications à La Réunion.
– *Cartes :* se procurer les cartes I.G.N. (la n° 512 couvre toute l'île) sauf si vous achetez les topoguides de *La maison de la montagne,* qui les reproduisent.
– Partir *tôt le matin :* pour avoir le temps de rentrer au cas où le temps se gâte et pour profiter des paysages.
– *Voiture :* ne pas laisser *une voiture de location au départ des sentiers de randonnée, surtout la nuit.*
– Ne jamais partir *seul !*

GLOSSARY

Noms

accueil (m)	welcome	**gourde** (f)	flask
aiguille (f)	needle	**grêle** (f)	hail
averse (f)	shower (rain)	**grisaille** (f)	greyness
boulot (m)	work	**hébergement** (m)	accommodation
brouillard (m)	fog	**jardin** (m) **d'hiver**	conservatory
campagne (f)	countryside	**lessive** (f)	washing (clothes)
coup (m) **de tonnerre**	thunder	**littoral** (m)	coastline
cuisson (f)	cooking	**loisirs** (mpl)	leisure
deltaplane (m)	hang-glider	**marteau** (m)	hammer
divertissement (m)	entertainment	**nettoyage** (m)	cleaning
		niveau (m)	level

A temps perdu ... UNIT 8

GLOSSARY

ondée (f)	sudden downpour	faillir à	to fail in
orage (m)	thunderstorm	fournir	to provide
paysage (m)	landscape	gaspiller	to waste
percée (f)	appearance/ breakthrough	se gâter	to go bad
		geler	to freeze
pluie (f)	rain	jaillir	to gush
rafale (f)	strong gust	se méfier	not to trust
sac (m) de couchage	sleeping bag	mettre tout en œuvre	to do everything possible
sentier (m)	path		
ski (m) nautique	water-skiing	neiger	to snow
soleil (m)	sun	perturber	to disrupt
tableau (m)	painting	persister	to continue
vaisselle (f)	washing-up	pleuvoir	to rain
vent (m)	wind	répartir	to spread
voile (f)	sail	souffler	to blow
voile (m)	veil		

Verbes

Adjectifs

		couvert(e)	overcast
alimenter	to feed	cranté(e)	notched
atteindre	to reach	méridional(e)	southern
avoir l'intention de	to intend	nuageux(euse)	cloudy
baliser	to signpost	numérique	digital
compter	to intend	orageux(euse)	thundery
convenir	to suit	pluvieux(euse)	rainy
se débrouiller	to cope/to manage	prisé(e)	valued
se déclencher	to break/to start		
décrire	to describe		
dégager	to clear		
disposer de	to have (at one's disposal)		

Divers

		je m'en fiche	I don't care
		parmi	amongst
		pas grand-chose	not much
se dissiper	to scatter/to clear away	quoi qu'il en soit	however that may be
		tout de même	even so
s'ennuyer	to be/get bored	toutefois	however
espérer	to hope		

UNIT 9
Merci pour le cadeau

▶ **By the end of this unit you will be able to:**

- Shop for presents
- Describe objects and say what they are made of
- Identify shapes and measure objects
- Shop for clothes
- Describe clothes and use adjectives of colour
- Deal with mail, internet orders and delivery problems

1 Vous vous souvenez?

A [A C] ▶ Lisez les phrases ci-dessous et trouvez à quoi se réfèrent les mots **y** et **en** dans la colonne de droite:

1	Nous allons y passer deux semaines.	a	au restaurant
2	Vous y mangez souvent?	b	du vin
3	J'en prends trois fois par an.	c	en France
4	Je peux en reprendre un peu?	d	des enfants
5	J'en ai trois.	e	des vacances

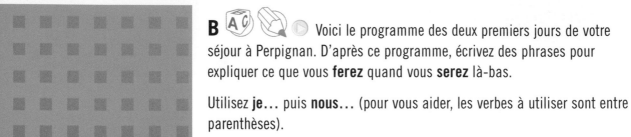

B   ▷ Voici le programme des deux premiers jours de votre séjour à Perpignan. D'après ce programme, écrivez des phrases pour expliquer ce que vous **ferez** quand vous **serez** là-bas.

Utilisez **je...** puis **nous...** (pour vous aider, les verbes à utiliser sont entre parenthèses).

Exemple:
Arrivée à Perpignan à 15h10.   (*arriver*)
J'arriverai à Perpignan à 15h10.
Nous arriverons à Perpignan à 15h10.

Jour 1:

1   Cocktail de bienvenue au bar de l'hôtel à 19h30. (*prendre*)

2   Repas catalan à 20h30. (*manger*)

Jour 2:

3   Visite de Collioure. Départ de l'hôtel à 9h00. (*visiter/partir*)

4   Promenade en mer l'après-midi. (*faire*)

5   Retour à l'hôtel vers 17h00. (*rentrer*)

6   Dégustation des vins de Corbières à 18h30. (*goûter*)

7   Dîner et spectacle de danses folkloriques le soir. (*dîner/voir*)

C ▷ Faites correspondre les symboles météo ci-dessous avec les descriptions suivantes:

1   Il pleuvra dans le Nord.

2   Le vent soufflera sur les côtes bretonnes.

3   Le ciel sera couvert.

4   Il fera de l'orage dans le Sud.

5   Il neigera en altitude.

6   Il y aura du brouillard en plaines.

a

b

c

d

e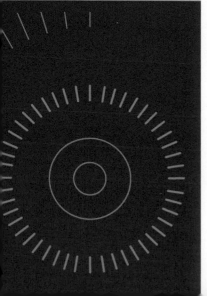

f

2 Qu'est-ce qu'on va acheter comme cadeau?

A  Lisez la page internet et répondez aux questions. You're looking for a wedding present. What would you click on if you wanted to buy…?

1 a microwave

2 a painting

3 a tea set

4 six bottles of wine

5 an ornament

6 a set of towels and bed linen

7 a record-player from the 70s

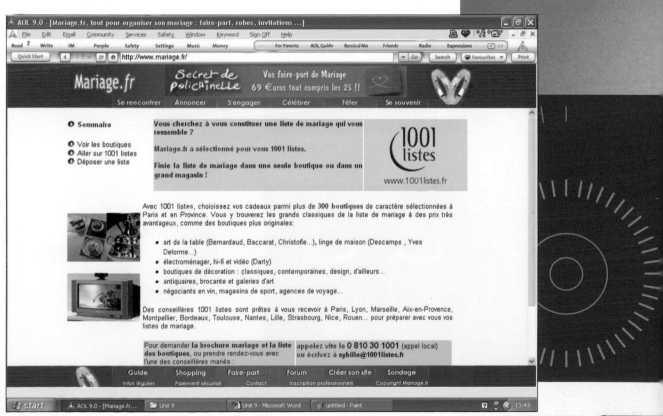

Merci pour le cadeau UNIT 9

B 🎧 ▶ Regardez les images ci-dessous et essayez d'identifier les objets dont Jamel et Florence parlent.

a

b

c

d

e
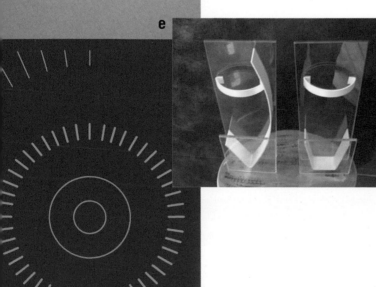

f

C 🎧 🔤 ▶ Ecoutez encore une fois la conversation de Jamel et Florence et dites si les affirmations suivantes sont vraies ou fausses:

		Vrai	Faux
1	Jamel et Florence sont invités à un repas de mariage.	⬭	⬭
2	Jamel préfère acheter un cadeau plutôt que des fleurs.	⬭	⬭
3	Florence est d'accord pour dépenser plus de 40 € pour le cadeau.	⬭	⬭
4	Le vide-poche à 40 € est en plastique.	⬭	⬭
5	Les deux bougeoirs à 37 € sont en tissu.	⬭	⬭
6	Le vase en verre et inox fait 35cm de haut et 10cm de large.	⬭	⬭
7	Le délai de livraison est de 48 heures.	⬭	⬭
8	Jamel va aussi commander des fleurs par internet.	⬭	⬭

T·Y FLOREN | **FLEURS**
Plantes . Bouquets ronds
Compositions florales
Mariage-Deuil

Merci pour le cadeau UNIT 9

Formes et mesures

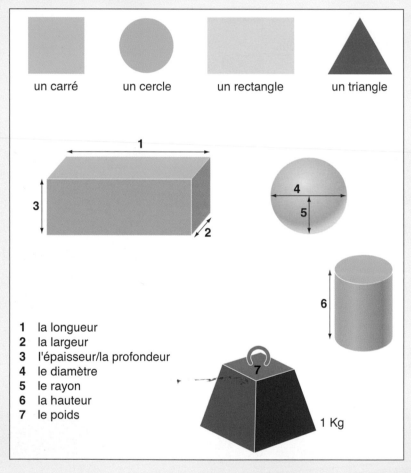

un carré   un cercle   un rectangle   un triangle

1. la longueur
2. la largeur
3. l'épaisseur/la profondeur
4. le diamètre
5. le rayon
6. la hauteur
7. le poids

1 Kg

La boîte **fait** 1,20m **de long**, 70cm **de large** et 50cm **de profondeur**.

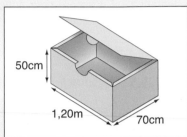

50cm

1,20m   70cm

Le tube A **fait** 2,50m **de long** et 15mm **de diamètre**.
Le tube B fait 3m de long et 6mm de diamètre.
Le tube C fait 1,50m de long et 20mm de diamètre.

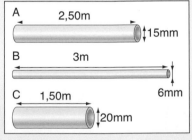

A   2,50m   15mm

B   3m

C   1,50m   6mm

20mm

Cette lettre **pèse** 20 grammes.

M. B. Rousseau
9 Avenue des Lilas
33022 Bordeaux

Ce colis pèse 1,2kg.

D 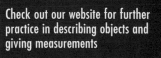 Votre professeur va vous donner une carte. Quatre objets sont représentés avec leurs dimensions et leurs poids mais il manque des détails (longueur, largeur, poids). Chacun(e) à votre tour, posez les questions nécessaires à votre partenaire afin de compléter votre carte.

Exemple:

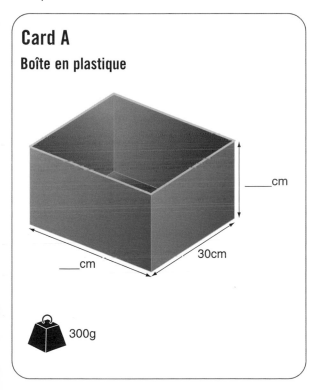

Card A

Boîte en plastique

_____cm

_____cm

30cm

300g

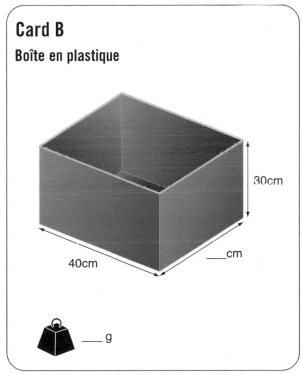

Card B

Boîte en plastique

30cm

40cm

_____cm

_____ g

Vous:	Quelle est **la longueur** de la boîte?
Votre partenaire:	La boîte **fait** 40cm **de long.** Et quel est **le poids** de la boîte?
Vous:	La boîte **pèse** 300 grammes, etc.

Check out our website for further practice in describing objects and giving measurements

Merci pour le cadeau

E Ecoutez encore une fois la conversation de l'activité 2B puis avec votre partenaire, complétez les blancs dans le résumé ci-dessous en choisissant les mots parmi la liste suivante:

vin d'honneur
originales
coûte
livrées
mariage
marron
commander
dépenser
argent
cuir
cadeau
inox

Jamel et Florence sont invités au ( ) de leurs amis. Comme ils sont seulement invités au ( ), ils ne veulent pas ( ) plus de 40 € pour un ( ). Jamel surfe sur le net afin de trouver quelques idées sympas et ( ). Dans la rubrique « décorations », il voit un vide-poche en ( ), qui existe en rouge, ( ) ou fuchsia et qui ( ) 40 €.

Florence, elle, aperçoit deux bougeoirs en tissu gris et ( ). Elle les trouve très originaux, mais Jamel remarque un vase en verre et en ( ) qui fait seulement 14 €. Jamel va le ( ) en ligne car le délai de livraison n'est que de 48 heures. Ils décident aussi d'acheter un bouquet de fleurs par internet, c'est tellement plus pratique et en plus, les fleurs seront ( ) directement chez la mariée.

F En petits groupes de trois ou quatre personnes, discutez des quatre points suivants en donnant des détails sur l'occasion, la date, les objets, les gens, etc.

1 Votre plus beau cadeau (offert **par** quelqu'un).

2 Votre plus beau cadeau (offert **à** quelqu'un).

3 Un objet que vous appréciez particulièment chez vous.

4 Une occasion familiale que vous avez appréciée.

READY TO MOVE ON?

✓

Check that you can...
- shop for presents
- describe objects
- say what objects are made of
- identify shapes and measure objects
- talk about special occasions

3 A la mode de chez nous

A Lisez la liste de vêtements ci-dessous et avec votre partenaire, cochez ceux que vous portez aujourd'hui.

1	un pantalon	9	des collants
2	un costume	10	un soutien-gorge
3	une chemise	11	des chaussures
4	une cravate	12	une robe
5	un chemisier	13	un jean
6	un tailleur	14	un pull-over
7	une veste	15	une jupe
8	des chaussettes	16	des baskets

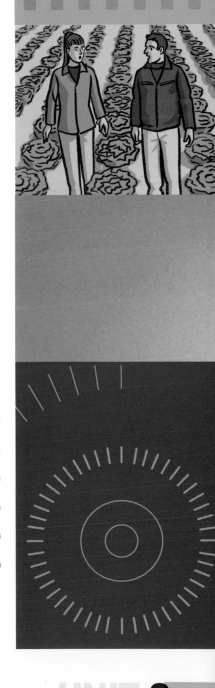

Merci pour le cadeau

B Lisez l'article ci-dessous. Faites une liste de tous les vêtements mentionnés dans cet article.

LA MODE MASCULINE BOUDÉE

Le marché de la mode masculine est à la peine. Les dépenses de vêtements pour hommes en France ont baissé de plus de 5 % l'an dernier. Les chemises souffrent de la concurrence des tee-shirts et des polos, tandis que les pantalons celle des jeans. Pourtant, la Fédération française des industries du vêtement masculin reste confiante pour cette année. L'intérêt récent des hommes pour les grandes griffes et les vêtements de créateurs devrait servir de locomotive. Les vêtements en cuir tels que les blousons, vestes et gants ont aussi enregistrés une hausse de plus de 10 % en volume. La sauvegarde du secteur passerait par le très haut de gamme et le sur-mesure, le bas et moyen de gamme ayant largement délocalisé leur production.

C Lisez encore une fois l'article *La mode masculine boudée*. Regardez les mots anglais suivants et essayez de trouver leur équivalent en français dans le texte.

1 expenses

2 decreased

3 an increase

4 confident

5 designer labels

6 top of the range

7 tailor-made

D 🎧 ✏️ ▶ Ecoutez une première fois l'extrait sur la mode masculine en regardant le texte ci-dessous. Puis, écoutez-le une deuxième fois et essayez de compléter cet article en choisissant les mots ou expressions corrects dans la liste suivante:

1	accroître	5	porter	9	matières
2	blousons	6	automne-hiver	10	costume
3	temps forts	7	manteaux	11	vestes
4	tissus	8	défilé	12	garde-robe

Les collections masculines célèbrent le retour du costume

Cette saison a été marquée par deux (⬭) :
l'arrivée triomphante de la collection John Galliano et le dernier
(⬭) homme de Tom Ford pour Yves Saint Laurent.
Trente-cinq shows et une vingtaine de présentations sur rendez-vous étaient
au menu de ces collections où les hommes ont affirmé leurs différences.

Le slogan pour la prochaine saison (⬭) sera
Tailored (mot anglais qui veut dire 'fait dans l'esprit tailleur') car le
(⬭) est redevenu une pièce essentielle de la
(⬭) aux dépens du sportswear.

Les créateurs ont choisi de moderniser les classiques en revenant à un
vestiaire plus basique mais en inventant de nouvelles attitudes pour le
(⬭). Ainsi l'homme affirmera une virilité appuyée par le retour
de l'esprit tailleur et le port du costume. Ce retour de l'élégance cadre
sans doute avec une envie d'(⬭) la clientèle.

Cette saison sera marquée par le retour des basiques, comme les duffle-
coats et les (⬭), de préférence à martingale. Les
(⬭) de toutes longueurs sont plus ou moins boutonnées
selon le style, dandy, strict, décontracté, romantique. Les
(⬭) continuent leur vie tandis que les gros pulls et autres
lainages traduisent une envie très forte de confort, comme chez
l'Américain Rick Owens. Les effets de (⬭) ou de couleurs
permettent de rompre l'uniformité et d'oser les mélanges discrets de
(⬭) masculins, jouer les contrastes mat-brillant, drap de laine-
cuir, tons vifs et froids.

Les couleurs du temps...

Colours in French are always placed **after** the noun.

Colours agree with the noun they describe *as long as the colour consists of **one** word:*

un chemisier vert	*a green blouse*
des manteaux vert**s**	*green coats*
une jupe vert**e**	*a green skirt*
des chaussettes vert**es**	*green socks*

If the colour consists of **two** words (*deep green, pale yellow, dark blue*, etc.), then it remains **invariable** whatever the gender and number of the noun:

un chemisier **vert clair**	*a light green blouse*
des manteaux **vert clair**	*light green coats*
une jupe **vert foncé**	*a dark green skirt*
des chaussettes **vert foncé**	*dark green socks*

Attention! Some colours – even those made up of a single word – do **not** agree with the noun they describe and remain invariable. These colours are the ones that can be represented by an image or a picture, or relate to something well-known:

orange	*orange*
marron	*chestnut/brown*
ocre	*ochre*
crème	*cream*
moutarde	*mustard yellow*
saumon	*salmon pink*
marine	*navy*
fuchsia	*fuchsia pink*
kaki	*khaki*
caca d'oie	*yellowish green*

Exemples:
des chaussettes **kaki**
des chaussures **marron**
une chemise **bleu ciel**
une jupe **bleu marine**

Les couleurs du temps…

En résumé!

A colour consisting of **one** word (one adjective) **agrees** with the noun.

A colour made up of **two words** (two adjectives) does **not** agree with the noun.

A colour referring to a **picture/image** (made up of one or two words) does **not** agree with the noun.

Et l'exception qui confirme la règle: the exceptions are the colours **rose** and **fauve** (*pink* and *fawn*) which **do** agree with the noun they describe:

des chaussettes rose**s**   *pink socks*

E ✎ ▷ Accordez (ou pas) les adjectifs suivants *en italique* avec le nom qu'ils décrivent:

1 des gants *bleu*

2 une chemise *blanc*

3 des yeux *marron*

4 des cheveux *châtain clair*

5 des tulipes *rouge*

6 une jupe *gris foncé*

7 une rose *rouge sang*

8 des vestes *noir*

9 des costumes *bleu marine*

10 une cravate *noir et blanc*

F 🗣 👥 ▷ Travaillez à trois. Regardez un(e) de vos partenaires et faites oralement une description de ce qu'il/elle porte aux deux autres membres de votre groupe.

Commencez par **il/elle porte…**

Merci pour le cadeau

4 Il y a un hic!

A Lisez les mots et expressions suivants et essayez de les relier aux objets correspondants. Aidez-vous d'un dictionnaire si nécessaire.

1    6   **a** déchiré(e)

        b pourri(e)

        c taché(e)

2   7   **d** rayé(e)

        e fané(e)

        f périmé(e)

3   8   **g** cassé(e)

        h tordu(e)

        i ébréché(e)

4   9   **j** ne marche(nt) pas

5   10

B Mme Legrand, M. Gaudefroy et M. Delforge ont commandé des articles par correspondance (*mail order*). Ecoutez leurs problèmes et avec votre partenaire, remplissez le tableau suivant en anglais.

Name	Reference	Item(s)	Problem(s)	Outcome
Mme Legrand		Shirt		She must send it back in its original packaging. – They'll send the right item.
M. Gaudefroy	unknown		6 missing	
M. Delforge	01684 12 FR	DVD player		

C Lisez les phrases ci-dessous et faites correspondre les éléments de gauche avec ceux de droite pour en faire des phrases complètes. Réécoutez les trois conversations pour vérifier vos réponses:

1 J'ai commandé une taille XL…

2 Pouvez-vous nous renvoyer cet article…

3 Nous vous rembourserons bien évidemment…

4 Il manque…

5 Votre commande…

6 Les six bouteilles de vin blanc…

7 Je peux vous donner…

8 Il était écrit que le délai de livraison…

9 Les 115 € ont été débités de mon compte…

10 Je vous prie de nous excuser, monsieur, …

a …mon numéro de référence?

b …les frais postaux.

c …dans son emballage d'origine?

d …a été expédiée séparément.

e …et vous m'avez envoyé une taille M.

f …vous seront livrées demain.

g …était dc cinq jours.

h …c'est une erreur de notre part.

i …six bouteilles de vin blanc.

j …mais je n'ai toujours pas mon appareil.

Merci pour le cadeau UNIT **9**

D 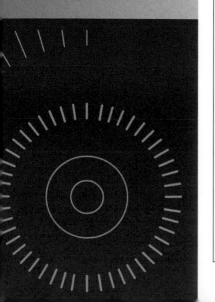 Lisez la lettre de M. et Mme Lagrange à MaisonDéco ci-dessous et répondez aux questions suivantes en anglais:

1 What article did M. and Mme Lagrange order?

2 What is the problem with this item?

3 What are they going to do with it?

4 What are they asking MaisonDéco to do?

M. et Mme LAGRANGE Bernard
6 impasse J. Jaurès
62320 ROUVROY

> MaisonDéco
> 18-22 avenue Foch
> 59000 LILLE

> Rouvroy, le 18 mai 20—

Madame, Monsieur,

Nous avons bien reçu l'article commandé le 27 avril dernier (article 7836VH, Commande 4Q25300).

Malheureusement, celui-ci ne correspond pas à notre attente : en effet, l'étagère se marie mal avec la décoration de notre salon en raison de sa couleur qui paraissait plus claire sur le catalogue. Nous avons donc le regret de vous la retourner.

Conformément à l'article L. 121-16 du Code de la consommation, je vous remercie de bien vouloir nous adresser le remboursement de ce produit, soit une somme de 135€.

Veuillez croire, Madame, Monsieur, en l'expression de nos sentiments distingués.

Lagrange

Our website has further practice on writing letters dealing with delivery problems, and useful links on topics covered in this unit

E  Complétez la conversation téléphonique ci-dessous d'après les instructions données (vous trouverez le vocabulaire nécessaire dans les activités précédentes):

MaisonDéco: MaisonDéco, bonjour!

Vous: Say hello and say that you're calling about your order (reference QJ568).

MaisonDéco: D'accord… En quoi puis-je vous aider?

Vous: Say that you've received the desk this morning but it's not what you expected. Explain that the desk doesn't match your lounge because the colour looked darker in the catalogue. Say that you'd like to send it back.

MaisonDéco: Aucun problème, madame/monsieur, renvoyez-nous le bureau dans son emballage d'origine. Vous désirez commander un modèle différent?

Vous: Say no, it's fine. Ask if you will get a full refund.

MaisonDéco: Bien sûr madame/monsieur, 146,50 €.

Vous: Say thank you and goodbye.

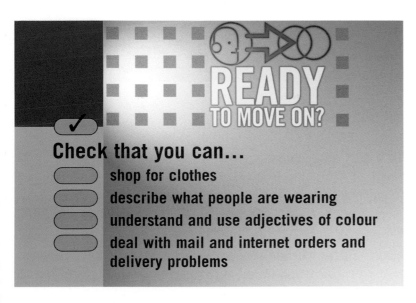

READY TO MOVE ON?

Check that you can…
- shop for clothes
- describe what people are wearing
- understand and use adjectives of colour
- deal with mail and internet orders and delivery problems

Merci pour le cadeau UNIT **9**

Découverte de la FRANCOPHONIE

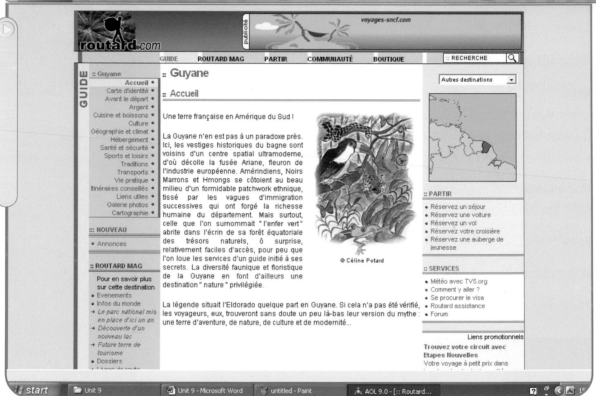

La Guyane française

A 🎲 ▶ Lisez l'article suivant sur l'artisanat (*craft industry*) en Guyane. D'après le sens du texte et en vous aidant du glossaire, essayez de compléter l'article avec les mots suivants:

> or   perles   filtrer   brodent   motif   gravées   arcs   femme
> paniers   pirogues

Artisanat

- Les Amérindiens ont besoin au quotidien d'objets de vannerie :
( ), tamis, éventails ou encore couleuvres à manioc (long
tube confectionné à partir de la tige d'une plante, l'arouman, et utilisé
pour ( ) le jus toxique du manioc). Ils font également des
( ) et des flèches, des colliers de ( ), des
tissages, etc.

- Les femmes hmongs ( ) toujours des costumes
traditionnels.

- Là où il y a orpaillage, il y a bijoux en ( ), bien sûr... Ou
bien on pourra simplement s'offrir une pépite.

- Les Bushinengés maîtrisent le travail artistique du bois :
( ) et pagaies peintes, ( ) ou incrustées de
clous ; bancs sculptés et gravés ; tambours ; peignes. Chaque
( ), abstrait, a une signification symbolique : les
entrelacs, récurrents, représentent, par exemple, la symbiose entre
les éléments de la nature, entre l'homme et la ( )...
Les femmes tissent et brodent également.

Glossaire
vannerie (f)	*wickerwork*
tamis (m)	*sieve*
éventail (m)	*fan*
flèche (f)	*arrow*
tissage (m)	*weaving*
orpaillage (m)	*gold washing*
pépite (f)	*nugget*
pagaie (f)	*paddle*
tambour (m)	*drum*
peigne (m)	*comb*

B Lisez l'article à la page 198 sur la cuisine et les boissons en
Guyane et répondez aux questions ci-dessous en anglais:

1   What two words are used to describe Guyanese cuisine?

2   What three words are used to describe Cayenne pepper?

3   What kind of food can you expect to find in French Guyana?

4   Why are the wines expensive in French Guyana?

5   How should you drink Guyanese rum and why?

6   What is the recipe for **ti'punch**?

7   How many ice cubes should you add?   →

Merci pour le cadeau UNIT 9

Glossaire

pimenté	*spicy*
costaud	*strong*
relevé	*spicy*
déguster	*to savour/to enjoy*
nouilles (fpl)	*noodles*
se mettre à	*to start*
avoisiner	*to come close to*
fougue (f)	*fire/spirit*
muscade (f)	*nutmeg*
cannelle (f)	*cinnamon*
glaçon (m)	*ice cube*
oseille (f)	*sorrel*

Cuisine

La cuisine en Guyane est à l'image de ceux qui la font : cosmopolite, et pimentée bien sûr ! A ce propos, le célèbre piment de Cayenne, aussi appelé poivre de Cayenne, est originaire d'Amérique du Sud et fut découvert par les compagnons de Christophe Colomb en arrivant dans les Caraïbes. Tout rouge, petit, mais costaud, il entre notamment dans la composition de sauces relevées comme le Tabasco.

Pour le côté cosmopolite, chaque communauté a apporté ses recettes avec elle. On mangera aussi bien des plats créoles que français ou encore asiatiques : pas de problème pour déguster des nems ou de la soupe aux nouilles !

Boissons

– A table, les *vins* sont inévitablement importés (et chers, donc). Par une telle chaleur, un petit côtes du Rhône ou un beaujolais sont probablement ce qui passe le mieux, mais pas de quoi s'extasier de toute façon, car le vin ne supporte pas bien le voyage.

– Autant se mettre tout de suite à la boisson locale : le *rhum* ! Qu'il soit baptisé *Cœur de Chauffe, La Belle Cabresse* ou encore *La Cayennaise,* il avoisine les 55 °. De quoi laisser un souvenir impérissable aux néophytes, mais sa fougue peut être tempérée en le buvant sous forme de planteur (accompagné de jus de fruit, de sirop de sucre, de muscade ou de cannelle...) et surtout de ti'punch.

– La recette du *ti'punch :* presser un quart de citron vert et laisser le zeste dans le verre, recouvrir de sirop de sucre de canne, puis de rhum. Pas de glaçons, sacrilège ! Dans les foyers où l'on confectionne son propre sirop, chacun a sa formule magique, mais le secret est jalousement gardé. Tout juste avons-nous réussi à découvrir que certains y ajoutent du sirop d'oseille de Guinée, petite fleur de couleur rouge au goût légèrement acide...

GLOSSARY

Noms

arc (m)	bow
argent (m)	silver
baisse (f)	decrease
blouson (m)	lumber jacket/ blouson-style jacket
bois (m)	wood
bougeoir (m)	candle-holder
cannelle (f)	cinnamon
carré (m)	square
chemisier (m)	blouse
citron (m) **vert**	lime
collants (mpl)	tights
costume (m)	suit (man's)
cravate (f)	tie
cuir (m)	leather
cuivre (m)	brass
défilé (m) **de mode**	fashion show
dépense (f)	expenditure
épaisseur (f)	thickness
éventail (m)	fan
flèche (f)	arrow
fougue (f)	fire/spirit
gamme (f)	range
gant (m)	glove
glaçon (m)	ice cube
griffe (f)	designer label
hausse (f)	increase
hauteur (f)	height
hic (m)	snag/trouble
inox (m)	stainless steel
laine (f)	wool
largeur (f)	width
linge (m)	linen
livraison (f)	delivery
longueur (f)	length
luminaire (m)	light
lune (f) **de miel**	honeymoon
matière (f)	material
mode (f)	fashion
motif (m)	pattern
muscade (f)	nutmeg
nouilles (fpl)	noodles
or (m)	gold
orpaillage (m)	gold washing
oseille (f)	sorrel
pagaie (f)	paddle
peigne (m)	comb
pendaison (f) **de la crémaillère**	housewarming party
pépite (f)	nugget
pierre (f)	stone
poids (m)	weight
profondeur (f)	depth
rayon (m)	radius
repas (m)	meal
soutien-gorge (m)	bra
spectacle (m)	show
tailleur (m)	suit (woman's)

Merci pour le cadeau

GLOSSARY

tambour (m)	drum	**peser**	to weigh
tamis (m)	sieve	**porter**	to wear
tissage (m)	weaving	**rembourser**	to reimburse
tissu (m)	fabric	**romper**	to break
vannerie (f)	wickerwork	**s'extasier**	to be in raptures
verre (m)	glass		
veste (f)	jacket		
vestiaire (m)	wardrobe	## Adjectifs	
vêtement (m)	item of clothing	**boutonné(e)**	buttoned
vide-poches (m)	table tidy	**cassé(e)**	broken
vin (m) **d'honneur**	reception (drink)	**costaud(e)**	strong
		déchiré(e)	torn
		ébréché(e)	chipped
## Verbes		**fané(e)**	wilted
avoisiner	to come close to	**périmé(e)**	out of date
accroître	to increase	**pimenté(e)**	spicy
baisser	to decrease	**pourri(e)**	rotten
broder	to embroider	**relevé(e)**	spicy
commander	to order	**rayé(e)**	scratched
déguster	to savour/to enjoy	**taché(e)**	stained
expédier	to dispatch	**tordu(e)**	bent
graver	to engrave		
livrer	to deliver	## Divers	
se mettre à	to start	**ça ne marche pas**	it doesn't work
oser	to dare	**plutôt**	rather

UNIT 10
Tout travail mérite salaire!

By the end of this unit you will be able to:

- Talk about your job
- Write your CV and talk about your professional experience
- Understand the agreement of past participles with **avoir**
- Read and understand job adverts
- Talk about your professional qualities and skills
- Write a job application letter
- Understand the conditional

1 Vous vous souvenez?

A  **Quelle mémoire!** Travaillez en groupe. Chacun(e) réfléchit à un **nom de vêtement** et une **couleur**.

Une personne commence: Je suis allé(e) en ville et j'ai acheté **un pull mauve**.

Son/sa voisin(e) continue: Je suis allé(e) en ville, j'ai acheté un pull mauve et **des chaussettes roses**.

Le/la voisin(e) enchaîne: Je suis allé(e) en ville, j'ai acheté un pull mauve, des chaussettes roses et **une chemise bleu marine**, etc.

B  ▶ **Remue-méninges!** Vous avez trois minutes en tout pour écrire **deux** choses…

1   … en or.

2   … qu'on trouve dans une chambre.

3   … qui sont à la mode.

4   … qui coûtent cher.

5   … en bois.

6   … qu'on n'utilise qu'une fois.

7   … que vous achetez régulièrement.

8   … que vous recyclez.

9   … en cristal.

10 … que vous n'achetez jamais.

Comparez ensuite vos réponses avec votre partenaire.

2 Allez, au boulot!

A ⬛ ▶ Les deux articles suivants décrivent deux métiers. Lisez-les puis regardez les phrases ci-dessous. Pour chacune d'elles, dites si elle se réfère à l'assistant(e) en tourisme (A) ou au conseiller/à la conseillère de vente (B):

1   To promote the quality of a service.

2   To master basic knowledge of the sector.

3   To present products and services.

4   To look after the company image.

5   To offer a product in a creative way.

6   To know the company's range of products.

7   To ensure a sound turnover.

8   To advise customers.

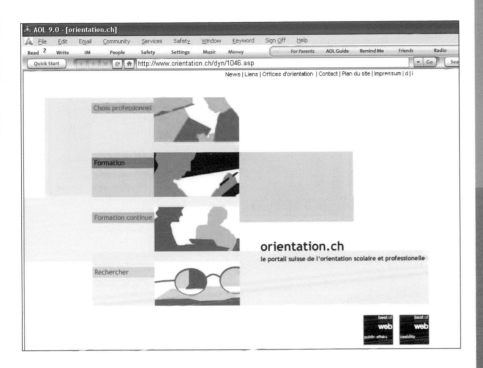

A Assistant(e) en tourisme

Les assistants en tourisme ont pour mission principale d'accueillir et de conseiller la clientèle et de promouvoir la qualité du service dans le secteur touristique. En tant que professionnels de la vente, ils sont capables d'offrir un produit de façon créative en tenant compte des besoins réels des clients. Ils apportent également à l'entreprise touristique des données intéressantes quant au marché et à la politique à suivre. Pour réaliser ces objectifs, ils doivent maîtriser les connaissances de base du tourisme et de la communication et connaître plusieurs langues.

B Conseiller/Conseillère de vente

Les conseillers de vente contactent et visitent les clients (habituels ou potentiels) dans le but de présenter les produits et services de leur entreprise. Ils connaissent parfaitement la gamme des articles et des prestations de leur société (et en partie de la concurrence), afin d'assurer un chiffre d'affaires et un service après-vente performants. Par leur attitude agréable et leur présentation irréprochable, ces professionnels de la vente veillent à soigner l'image de marque de leur entreprise.

Glossaire

quant à	*regarding*
prestations (fpl)	*services*
service (m) après-vente	*after-sales service*
performant	*outstanding*
veiller à	*to see to*
soigner	*to take care of*
image (f) de marque	*brand image*

LEARNING TIP:
Madame la ministre…

Until 1998, many job titles in French existed only in the 'masculine' form. To address a female minister for example, you would have had to say **Madame le ministre** or a female doctor would have been **un docteur**.

In 1998, 'la féminisation des noms de métiers' was introduced by the government and in theory, all job titles now have a 'feminine' form. In practice, it's a little different for one reason: the *sound* of the 'feminised' word. **Pompière, assureuse, chauffeuse** are hardly ever used whereas **écrivaine** and **avocate** sound less irritating to the ear!

So you can say:

un écrivain – **une écrivaine** (*a writer*)
un magistrat – **une magistrate**
but:
un docteur – **une docteur**
un médecin – **une médecin** (*a doctor*)
un professeur – **une professeur** (*a teacher*)
un chef – **une chef** (*a manager*)
un peintre – **une peintre** (*a painter*)

B **Quel est mon métier?** Ecoutez Adrien, Chantal, Julie et Jamel qui expliquent en quoi consiste leur travail. Pouvez-vous dire quel est leur métier? Choisissez parmi la liste suivante:

1 graphiste des écrans

2 chef de marketing

3 maître/maîtresse spécialisé(e) pour enfants sourds

4 informaticien/informaticienne

5 chef de logistique

6 avocat(e) à la barre

7 stagiaire

Chantal

Julie

Adrien

Jamel

C  Ecoutez encore une fois Adrien, Chantal, Julie et Jamel (activité 2B) puis lisez les quatre résumés ci-dessous. Douze erreurs s'y sont glissées (*have slipped in*): trois dans chaque résumé. Travaillez avec votre partenaire et essayez de les trouver et de les corriger.

1   Adrien s'occupe du développement scolaire d'enfants, d'adolescents ou de jeunes adultes non-voyants. Il leur enseigne individuellement les matières scientifiques en utilisant des méthodes adaptées à leur handicap grâce à des moyens spécifiques, comme la lecture sur les lèvres ou la langue des signes.

2   Chantal s'occupe de l'importation de produits. Elle est responsable des envois des commandes en France. Elle supervise l'emballage des produits, elle se charge des papiers nécessaires mais ne s'occupe pas du transport.

3   Julie est étudiante et fait un stage de deux mois dans une petite compagnie. Elle travaille au service des achats.

4   Jamel travaille dans l'industrie pharmaceutique. Il crée et produit des logiciels pour les jeux vidéos ou pour les bornes d'informations interactives mais il crée aussi des trucages numériques pour le théâtre.

Tout travail mérite salaire! UNIT 10

D

1 Travaillez avec votre partenaire. Imaginez que vous êtes **conseiller/conseillère de vente** et complétez les phrases suivantes en mettant les verbes entre parenthèses **au présent** (*I do/I'm doing…*):

 a Je (*contacter*) et (*visiter*) les clients habituels ou potentiels.

 b Je leur (*présenter*) les produits et services de mon entreprise.

 c Je (*connaître*) parfaitement la gamme des articles et des prestations de ma société (et en partie de la concurrence).

 d J' (*assurer*) un chiffre d'affaires et un service après-vente performants.

 e Par mon attitude agréable et ma présentation irréprochable, je (*veiller*) à soigner l'image de marque de mon entreprise.

2 Imaginez maintenant que votre partenaire et vous *étiez* **assistants/assistantes en tourisme** et aujourd'hui vous êtes à la retraite. Complétez les phrases suivantes en mettant les verbes entre parenthèses à l'imparfait (*I used to…*):

 a Nous (*avoir*) pour mission principale d'accueillir les clients.

 b Nous les (*conseiller*) et nous (*promouvoir*) la qualité du service dans le secteur touristique.

 c Nous (*être*) capables d'offrir un produit de façon créative en tenant compte des besoins réels des clients.

 d Nous (*apporter*) également à l'entreprise touristique des données intéressantes quant au marché et à la politique à suivre.

 e Nous (*maîtriser*) les connaissances de base du tourisme et de la communication et nous (*parler*) plusieurs langues.

E 🗣️ 🎧 ▶️ Travaillez avec votre partenaire. Expliquez-lui ce que vous faites comme métier et en quoi il consiste. Si vous ne travaillez plus, expliquez ce que vous faisiez et en quoi cela consistait (*imperfect*).

Voici quelques expressions pour vous aider:

Je suis… / J'étais…

Je suis responsable de… / J'étais responsable de…

Je m'occupe de… / Je m'occupais de…

Je me charge de… / Je me chargeais de…

Je supervise… / Je supervisais…

Je contrôle… / Je contrôlais…

Je veille à… / Je veillais à…

J'organise… / J'organisais…

Je travaille… / Je travaillais…

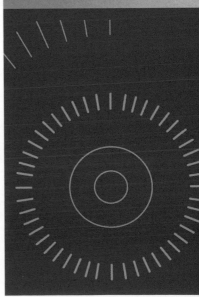

Tout travail mérite salaire! UNIT 10

3 Vous êtes viré!

A [A C] ▶ Regardez la page d'accueil du site internet et répondez aux questions ci-dessous en anglais.

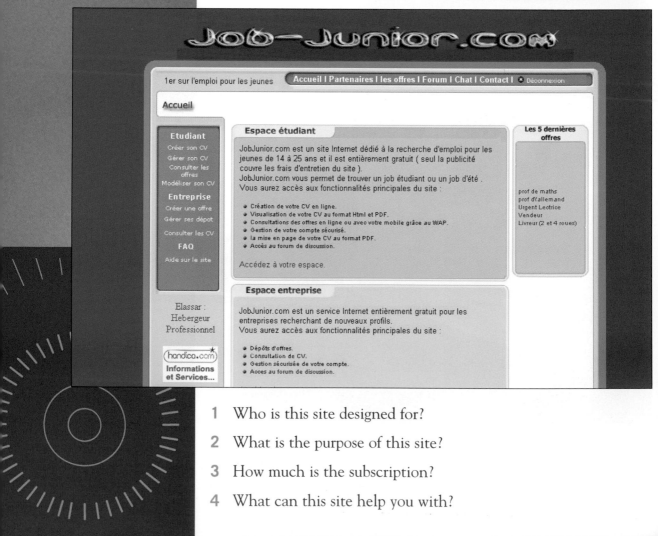

1 Who is this site designed for?

2 What is the purpose of this site?

3 How much is the subscription?

4 What can this site help you with?

B  Muriel a perdu son travail, elle a été licenciée. Ecoutez plusieurs fois sa conversation avec Jérôme et répondez aux questions suivantes en anglais. Comparez ensuite vos réponses avec votre partenaire.

1 For what reason was Muriel dismissed from work?

2 What are the four parts of Muriel's CV?

Part 1: ⬭

Part 2: ⬭

Part 3: ⬭

Part 4: ⬭

3 Fill in the following table with Muriel's employment details:

Duration	Occupation	Employer
⬭	⬭	Mr and Mrs Richardson
5 years	⬭	Euromix
⬭	Accountant	Valo
⬭	⬭	Vorex

4 What exam did she pass at the Lycée Kastler?

5 What training did Muriel do while working at Euromix?

6 Why does she doubt her English skills?

▶ LANGUAGE FOCUS

La formation que j'ai faite…

In Unit 2, we saw that in the perfect tense (le passé composé) the past participles of verbs using **avoir** never agree with the subject:

Ils ont achet**é** une maison.
Nous avons vend**u** notre voiture.
Elle a fait une formation en anglais.

Although the past participles never agree with the **subject**, they occasionally agree with the **direct object** but on **one** condition only: if the direct object is placed **before** the verb:

Ils	ont acheté	une maison
subject	verb	direct object

They bought what? – a house: **une maison** is therefore the **direct object** (note that it is called 'direct' because the object is not introduced by a preposition: **à** or **de**).

In this example, the direct object is placed **after** the verb, so there is no agreement: **acheté**

la voiture	que	nous	avons vend**ue**
direct object		subject	verb

We sold what? – the car: **la voiture** is the direct object.

In this example, the direct object is placed **before** the verb, so the past participle must agree with it: **voiture** is feminine and singular so the past participle is **vendue**.

Pierre	les	a vu**s**
subject	direct object	verb

Pierre saw what/who? – them: **les** is the direct object.

In this example, the direct object is **before** the verb and therefore the past participle must agree with it. But what or who does the word 'them' refer to?

If 'them' is **Julien and Philippe**, then we add an **s** at the end of **vu**.   Il les a vu**s**.
If 'them' is **Julien and Sophie**, then we add an **s** at the end of **vu**.   Il les a vu**s**.
If 'them' is **les voitures**, then we add **es** at the end of **vu**.   Il les a vu**es**.
If 'them' is **Sophie and Jalila**, then we add **es** at the end of **vu**.   Il les a vu**es**.

C  **On essaie?** Accordez (ou non) les participes passés dans les phrases suivantes:

1 Françoise, tu as passé( ) ton bac en quelle année?

Je l'ai passé( ) en 1990, je crois.

2 Tu as fini( ) ta formation en allemand?

Bien sûr! Je l'ai fini( ) le mois dernier.

3 La personne que j'ai rencontré( ) hier pendant mon entretien était vraiment sympa.

4 Tu as reçu( ) les résultats de tes examens?

Non, je ne les ai toujours pas reçu( ).

5 Quelles questions t'ont-ils posé( ) à l'entretien?

Ils m'ont demandé( ) des choses sur mon expérience professionnelle.

6 Muriel, pourquoi est-ce que ton patron t'a renvoyé( )?

Il ne m'a pas renvoyé( ), c'est moi qui ai quitté( ) mon patron!

Go to our website for further practice on agreement of the past participle with **avoir**

Tout travail mérite salaire! UNIT 10

Perrot Michèle
50 avenue Jaurès
75010 Paris

tel: 01 56 78 10 55
Portable: 06 89 74 56 25
email: perrotm@wanadoo.fr

Consultante en gestion d'entreprise

<u>Objectifs et motivations:</u> Intégrer un poste de consultante en gestion d'entreprise, centré sur le management des connaissances et de la communication devenus les points clés de mon activité et mon principal intérêt.

<u>Cursus professionnel:</u>
2001-ce jour CERVOS (SARL) – PARIS
　　　　　　　Créatrice et Gérante

D 🔤 😗 🎧▶ Voici un article extrait d'un site internet (page 213). Lisez-le puis regardez la liste de mots ci-dessous. Avec l'aide d'un dictionnaire (si nécessaire) et avec votre partenaire, essayez de compléter le texte. Ecoutez la version audio pour vérifier vos réponses.

> **carte de visite   entretien   rassure   candidature   capable
> profil   long   formation   rencontrer   attractivité
> professionnel   claire**

Votre CV est votre passeport pour l'emploi, mais êtes-vous sûr d'avoir le bon visa en règle ?

Votre CV n'est rien d'autre qu'un passeport pour l'(   ). Il n'est que la première étape d'un parcours qui peut s'avérer (   ) et difficile, surtout si vous avez affaire à un cabinet de recrutement. C'est votre (   ) privilégiée, le reflet de votre parcours personnel et (   ) et de votre personnalité.

Votre CV doit retracer fidèlement votre cursus personnel et professionnel en indiquant :

- ce que vous êtes,
- ce que vous avez fait,
- ce que vous avez appris,
- ce que vous êtes (   ) de faire.

Soignez-le donc comme il le mérite car vous serez jugé sur sa pertinence et son (   ).

Un CV bien fait est un CV qui (   ), suggère, et finalement donne envie au recruteur potentiel de vous (   ). Il le lira d'abord en diagonale, en 30 secondes ou moins, pour vérifier que tout y est, c'est-à-dire que votre (   ) correspond aux exigences minimales requises par le poste en termes d'âge, de (   ), d'expérience (essentiellement la dernière), de type de sociétés, et de secteur d'activités.

Donnez-lui ces points de repère par une présentation (   ) et aérée: qu'il ne cherche pas. Si votre profil passe la rampe, il prendra alors le temps de 'l'éplucher' en détail pour se faire son opinion. En étant synthétique, précis, concret, positif, faites en sorte que votre (   ) soit la meilleure possible, et qu'elle atterrisse dans la banette ou chemise 'à convoquer'.

E 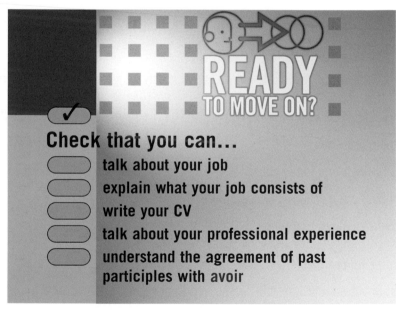 Travaillez avec votre partenaire et répondez oralement en français aux questions suivantes. Essayez de développer vos réponses.

1 Quand avez-vous commencé à travailler?

2 Depuis quand faites-vous votre métier actuel?

3 Est-ce que vous avez déjà travaillé à l'étranger?

4 Quelles langues étrangères parlez-vous?

5 Est-ce que vous avez déjà passé un examen en français?

6 Que pensez-vous de votre travail actuel?

READY TO MOVE ON?

Check that you can...

- talk about your job
- explain what your job consists of
- write your CV
- talk about your professional experience
- understand the agreement of past participles with avoir

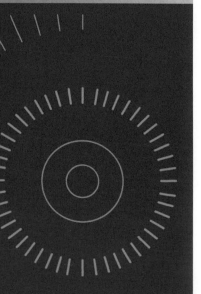

4 J'ai trouvé du travail!

A  Muriel répond à une annonce qu'elle a vue à l'Agence Nationale pour l'Emploi (ANPE). Ecoutez-la et répondez aux questions suivantes:

1 Muriel describes herself as:

trustworthy ⬭

bilingual ⬭

highly motivated ⬭

available ⬭

creative ⬭

efficient ⬭

serious ⬭

independent ⬭

hardworking ⬭

2 What skills does she say she has?

organising ⬭

computer ⬭

language ⬭

typing ⬭

filing ⬭

3 What will she do if she gets an interview and why?

B  Lisez les petites annonces ci-dessous et dites si les affirmations suivantes sont vraies ou fausses:

Réf. 00561: recherche stagiaire

Nous recherchons bénévole (possibilité de faire passer le bénévolat en stage), ayant des compétences en administration voire en comptabilité dans le cadre d'un festival d'art dramatique de Rennes. Nous aurions besoin d'une personne qui travaillera un mois sur Paris (juin) et un mois à Rennes (août). L'hébergement sera offert. Merci de nous envoyer CV à l'adresse suivante: Jeanlucg@francenet.fr

---

Réf. 00579: Conseiller Vendeur

Bonjour, Nous sommes une entreprise européenne étudiante. En France, nous sommes spécialisés dans l'accès à l'information à tarifs étudiants via notamment notre marque OEU. Nous recherchons 100 conseillers Vendeurs sur la région Rhône-Alpes. Mission:
–Vendre des abonnements presse sur les facs ou sur les lycées.
–Travail en équipe. - Rémunération en fonction de vos résultats.
–Un mois minimum. Juillet et/ou septembre et/ou octobre.
–Aucune expérience demandée. Pour postuler, appelez à partir du 19 avril au 0892 12 96 55 (de 10h à 18h, prix d'un appel local).

Réf. 00923: Vendeur/vendeuse
Vendeur/vendeuse en boutique vêtements et accessoires de mode, 42 heures semaine. Possibilité de saison d'hiver à suivre dans les Pyrénees (décembre à avril). Age mini 20 ans. Expérience en vente et anglais parlé sont des plus mais pas obligatoires. Plusieurs postes à pourvoir dont responsable de magasin.

	Vrai	Faux

Ref 00561:

This is a well-paid job.

It requires administrative and accountancy skills.

The job is for 3 months (June to August).

Ref 00579:

This job consists of selling press subscriptions to universities and colleges.

Experience is required.

The application deadline is 19th April.

Ref 00923:

This company is looking for a shop assistant.

You must speak French and English.

Application for shop manager also possible.

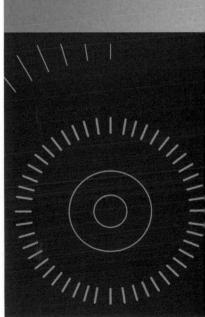

Tout travail mérite salaire! **UNIT**

C 🎲 ▶ En vous aidant des deux lettres de motivation suivantes, comment diriez-vous en français…?

Lettre 1:

1   I speak English fluently.

2   I have a keen interest in this job.

3   Your job advert published in…

4   I presently hold this position.

5   My sales skills…

Lettre 2:

1   An excellent work placement report.

2   I would like to talk to you more about it.

3   During my work placement.

4   …is a field I am very keen on.

Lettre 1:

Madame, Monsieur

Votre annonce parue dans *le Figaro* du 15 janvier dernier pour un poste de chef de publicité m'intéresse vivement.

J'occupe actuellement ce poste dans l'Agence GTLP et je souhaite lui apporter la dimension internationale que vous demandez dans votre annonce. Je parle couramment anglais et l'ai déjà pratiqué dans des situations professionnelles.

Mes talents de vendeur, comme vous le découvrirez dans le CV, ainsi qu'un esprit curieux et créatif font de moi un chef de publicité apprécié tant par les clients que par mes employeurs!

J'attends avec impatience de pouvoir vous rencontrer.

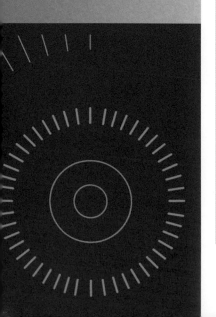

Lettre 2:

Monsieur

Je m'adresse à votre société car j'ai appris que vous aviez un service maintenance important.

Je suis diplômé de l'IUT d'Orsay en génie des télécommunications et réseaux. La maintenance est mon domaine de prédilection que j'ai découvert lors de mes stages en IUT. Mon sens de la communication, allié à mes compétences techniques, me porte davantage vers un poste en contact avec la clientèle en site de production.

J'ai également obtenu un excellent rapport de stage comme assistant du technicien de maintenance dans la société Générale de Télécommunications.

J'aimerais vous en parler davantage à l'occasion d'un entretien.

Dans cette attente, veuillez agréer, monsieur, l'expression de ma considération distinguée.

Tout travail mérite salaire! UNIT 10

LANGUAGE FOCUS

Je voudrais, j'aimerais...

In French, the conditional mood (le conditionnel) – I **would** like, she **would** do, they **would** buy – is a cross between two tenses you already know: the future tense + the imperfect tense.

The conditional is used:

- to express a 'possible consequence' of an action, or a condition:
  *If I had money, I **would buy** a new car.*
- to express a wish or desire: *I **would love** to live in France.*
- to make a polite request: ***Would you** take a photo of us?*

To make the conditional in French, take the **future** form of the verb but change its endings for the **imperfect** endings:

Exemple:

faire – *to do / to make*

je **ferai**   *I **shall/will** do or I **shall/will** make* (future)

je fer**ais**	*I **would** do / make*	
tu fer**ais**	*you **would** do / make*	
il, elle, ça, on fer**ait**	*he, she, it, one **would** do / make*	(conditional)
nous fer**ions**	*we **would** do / make*	
vous fer**iez**	*you **would** do / make*	
ils, elles fer**aient**	*they **would** do / make*	

D'autres exemples:

être	je serais	*I would be*
avoir	tu aurais	*you would have*
acheter	il achèterait	*he would buy*
prendre	nous prendrions	*we would take*
voir	vous verriez	*you would see*
venir	elles viendraient	*they would come*

Attention!

pouvoir	je pourrais	*I would be able to... or I could...*
devoir	je devrais	*I would have to... or I should.../ I ought to...*

D  Complétez les phrases suivantes en mettant les verbes entre parenthèses au conditionnel:

Si j'avais ce poste, je (*être*) le plus heureux des hommes. Je (*gagner*) beaucoup d'argent. Je (*changer*) ma voiture et (*acheter*) une grande maison. Ma femme (*être*) fière de moi. Je l' (*emmener*) au restaurant deux ou trois fois par semaine. On (*aller*) en vacances dans le sud de la France, on (*pouvoir*) même aller aux sports d'hiver: nous (*faire*) du ski, nous (*loger*) dans un bel hôtel… adieu la caravane! Je la (*vendre*) aussi! J'(*avoir*) des collègues sympas et on (*devenir*) amis, ils (*venir*) manger à la maison et ils nous (*inviter*) aussi chez eux. Que la vie (*être*) belle si j'avais ce travail!

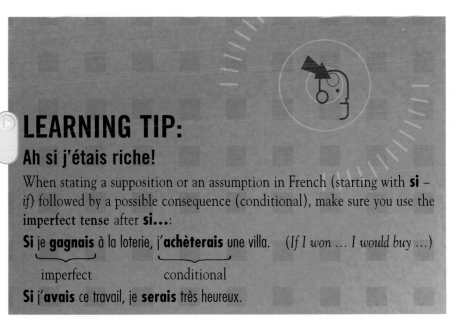

LEARNING TIP:
Ah si j'étais riche!

When stating a supposition or an assumption in French (starting with **si** – *if*) followed by a possible consequence (conditional), make sure you use the **imperfect tense** after **si…**:

Si je **gagnais** à la loterie, j'**achèterais** une villa.   (*If I won … I would buy …*)

    imperfect   conditional

Si j'**avais** ce travail, je **serais** très heureux.

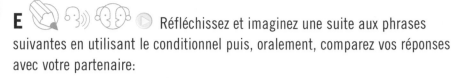

E Réfléchissez et imaginez une suite aux phrases suivantes en utilisant le conditionnel puis, oralement, comparez vos réponses avec votre partenaire:

1 Si je parlais français couramment…

2 S'il ne pleuvait pas…

3 Si je devais déménager…

4 Si je pouvais changer de métier…

5 Si j'avais plus d'argent…

F **Une petite lettre.** Vous avez lu une petite annonce pour un travail mi-temps de secrétaire pour une association caritative. Ecrivez une lettre de motivation en français en incluant les points suivants (aidez-vous des lettres des activités précédentes):

- You read the advert in *Le Matin* newspaper.
- You would be very keen on working for a few hours a week as a secretary for this charity organisation.
- You've enclosed your CV.
- Briefly explain what you currently do for a living and why you also wish to work for this organisation.
- Give details of your personality that would convince the organisation to employ you.
- Include some of your skills (languages, computer, filing, typing…)
- Say that you would love to tell to them more about yourself during an interview.
- End the letter with a suitable closing phrase.

READY TO MOVE ON?

Check that you can…

- read and understand job adverts
- talk about your professional qualities and skills
- write a letter of job application
- understand the conditional

5 Et pour finir…

Vous avez besoin d'un dé et de pions (gomme, trombone, capuchon de stylo, etc).Travaillez en petits groupes de trois ou quatre. Chacun à votre tour, lancez le dé, avancez votre pion et lisez le sujet. Pendant trente secondes, parlez (en donnant un maximum de détails) du sujet donné sur la case. Bon amusement!

DEPART	15 Votre famille ➡	16 Ce qui vous fait peur	31 Le shopping ➡	32 Ce qui vous rend triste
1 Votre meilleur(e) ami(e)	14 Votre feuilleton préféré	17 RECULEZ D'UNE CASE	30 AVANCEZ DE TROIS CASES	33 Le sport
2 Un livre que vous avez lu	13 RECULEZ DE DEUX CASES	18 Ce que vous allez faire ce soir	29 Votre voisin de droite	34 La langue française
3 Un rêve que vous avez fait	12 Votre personnalité	19 Vos plus belles vacances	28 Vos qualités	35 Ce que vous pensez de ce jeu
4 ⬇ Quelque chose de dangereux	11 ⬆ Ce que vous avez fait le week-end dernier	20 ⬇ RETOURNEZ AU DEPART	27 ⬆ La guerre	36 ⬇ Vos progrès en français
5 AVANCEZ D'UNE CASE	10 Quelqu'un que vous n'aimez pas	21 Votre profession	26 Votre enfance	37 RECULEZ DE DIX CASES
6 Votre saison préférée	9 Votre professeur	22 Vos défauts	25 Un métier que vous aimeriez faire	38 Un pays où vous aimeriez vivre
7 Votre maison ➡	8 Votre opinion sur la cigarette ➡	23 Ce qui vous fait rire ➡	24 Vos passe-temps	ARRIVEE

UNIT **10**

223

GLOSSARY

Noms

abonnement (m)	subscription
banette (f)	tray (office)
bénévole (m/f)	volunteer
besoin (m)	need
candidature (f)	application (job)
carte (f) de visite	business card
case (f)	square
chiffre (m) d'affaires	turnover
classement (m)	filing
comptabilité (f)	accounting
connaissance (f)	knowledge
conseiller (m)	adviser
cursus (m)	curriculum
donnée (f)	data
emballage (m)	packaging
entretien (m)	interview
fac (f)	university
formation (f)	training
frappe (f)	typing
gamme (f)	range
gestion (f)	management
hébergement (m)	accommodation
image (f) de marque	brand image
informatique (f)	IT/computing
lecture (f)	reading
lèvre (f)	lip
logiciel (m)	software
lycée (m)	secondary school/sixth-form college
mise (f) en page	page make-up
point (m) de repère	milestone
prestations (fpl)	services
service (m) après-vente	after-sales service
stage (m)	training period
stagiaire (m/f)	trainee
sténodactylo (m/f)	shorthand typist
tâche (f)	task
trucage (m)	special effect

Verbes

avancer	to move forward
se charger de	to take care of
conseiller	to advise
convoquer	to call in
éplucher	to examine in detail
gérer	to manage
mériter	to deserve
s'occuper de	to look after
promouvoir	to promote
reculer	to move backwards
soigner	to take care
tenir compte de	to take (s.thing) into account
veiller à	to see to

Adjectifs

actuel(le)	current
bénévole	voluntary
caritatif(ive)	charitable
divers	varied
joignable	contactable
non-voyant(e)	blind
numérique	digital
paru(e)	published
performant(e)	outstanding
requis(e)	required
sourd(e)	deaf

Divers

c'est-à-dire	that is to say
dans le but de	in order to/with the aim of
dans le cadre de	as part of
davantage	more
en règle	in order
en tant que	as
grâce à	thanks to
lors de	during
quant à	regarding
voire	and even

LANGUAGE SUMMARY

Present tense

The present tense is used to talk about what happens generally as well as for current situations:

Tous les soirs, je fais la vaisselle. *Every night, I do the washing-up.*
Je prends le bus pour aller travailler. *I take the bus to go to work.*

Je fais la vaisselle. *I am doing the washing-up.*
Elle attend le bus. *She is waiting for the bus.*

Regular verbs

marcher *to walk*
je march**e**
tu march**es**
il/elle/on march**e**
nous march**ons**
vous march**ez**
ils/elles march**ent**

choisir *to choose*
je chois**is**
tu chois**is**
il/elle/on chois**it**
nous chois**issons**
vous chois**issez**
ils/elles chois**issent**

attendre *to wait*
j'attend**s**
tu attend**s**
il/elle/on attend
nous attend**ons**
vous attend**ez**
ils/elles attend**ent**

Common irregular verbs

avoir *to have*
j'**ai**
tu **as**
il/elle/on **a**
nous **avons**
vous **avez**
ils/elles **ont**

être *to be*
je **suis**
tu **es**
il/elle/on **est**
nous **sommes**
vous **êtes**

aller *to go*
je **vais**
tu **vas**
il/elle/on **va**
nous **allons**
vous **allez**
ils/elles **vont**

faire *to do/to make*
je **fais**
tu **fais**
il/elle/on **fait**
nous **faisons**
vous **faites**
ils/elles **font**

prendre *to take*	vouloir *to want*	devoir *must / to have to*	connaître *to know*
je **prends**	je **veux**	je **dois**	*(someone/a place)*
tu **prends**	tu **veux**	tu **dois**	je **connais**
il/elle/on **prend**	il/elle/on **veut**	il/elle/on **doit**	tu **connais**
nous **prenons**	nous **voulons**	nous **devons**	il/elle/on **connaît**
vous **prenez**	vous **voulez**	vous **devez**	nous **connaissons**
ils/elles **prennent**	ils/elles **veulent**	ils/elles **doivent**	vous **connaissez**
			ils/elles **connaissent**

venir *to come*	pouvoir *can / to be able to*	savoir *to know*	mettre *to put*
je **viens**	je **peux**	*(something/a fact)*	je **mets**
tu **viens**	tu **peux**	je **sais**	tu **mets**
il/elle/on **vient**	il/elle/on **peut**	tu **sais**	il/elle/on **met**
nous **venons**	nous **pouvons**	il/elle/on **sait**	nous **mettons**
vous **venez**	vous **pouvez**	nous **savons**	vous **mettez**
ils/elles **viennent**	ils/elles **peuvent**	vous **savez**	ils/elles **mettent**
		ils/elles **savent**	

Perfect tense

The perfect tense (le passé composé) is used to express a single event that happened in the past:

J'ai mangé une pomme.	I ate an apple.
J'ai fini plus tôt.	I finished earlier.
Nous avons fait le ménage.	We did the housework.

Perfect tense with *avoir*

Most of the time, the French use the verb **avoir** followed by the past form of the verb (past participle):

J'**ai marché**	I walked (literally I have walked)
Nous **avons acheté**	We bought
Avez-vous **fini** l'exercice?	Did you finish the exercise?
Ils n'**ont** pas **perdu** le match.	They did not lose the match.

Verbs ending in **-er** make their past participles with **-é**:   marcher – marché
Verbs ending in **-ir** make their past participles with **-i**:   choisir – choisi
Verbs ending in **-re** make their past participles with **-u**:   entendre – entendu

Some common irregular participles:

être	J'ai **été** malade.	I was ill.
avoir	J'ai **eu** la grippe.	I had the flu.
prendre	J'ai **pris** de l'aspirine.	I took some aspirin.
voir	J'ai **vu** le docteur.	I saw the doctor.
devoir	J'ai **dû** rester au lit.	I had to stay in bed.
pouvoir	Je n'ai pas **pu** sortir.	I couldn't go out.
lire	J'ai **lu** trois romans.	I read three novels.
faire	J'ai **fait** des mots croisés.	I did some crosswords.
mettre	J'ai **mis** mon manteau.	I put my coat on.

Perfect tense with *être*

Some verbs do not work with **avoir** but use **être** (*to be*). These are exceptions and have to be learnt:

infinitive	past participle	infinitive	past participle
mourir (*to die*)	mort	entrer (*to go in*)	entré
rentrer (*to go back in*)	rentré	rester (*to stay*)	resté
sortir (*to go out*)	sorti	tomber (*to fall*)	tombé
venir (*to come*)	venu	retourner (*to go back*)	retourné
aller (*to go*)	allé	arriver (*to arrive*)	arrivé
naître (*to be born*)	né	monter (*to go up/to get into a vehicle*)	monté
descendre (*to go down/to get out of a vehicle*)	descendu	partir (*to leave*)	parti

Examples:

Mon poisson rouge est mort hier.	*My goldfish died yesterday.*
Il est sorti en boîte.	*He went out clubbing.*
Tu es tombé de ta chaise?	*Did you fall off your chair?*
Nicolas n'est pas retourné à Paris.	*Nicolas didn't go back to Paris.*
Il est resté à Lille.	*He stayed in Lille.*
Je suis arrivé à 15h00.	*I arrived at 3pm.*
Mon frère est allé faire des courses.	*My brother went shopping.*

For **être** verbs, the past participles **agree** with the subject (the 'doer' of the action):

Elle est partie à 16h00.	*She left at 4pm.*
Véronique et Camille sont sorties en boîte.	*Véronique and Camille went out clubbing.*
Aurélie est tombée de sa chaise?	*Did Aurélie fall off her chair?*
Nicolas et Claire ne sont pas retournés à Paris.	*Nicolas and Claire didn't go back to Paris.*
Ils sont restés à Lille.	*They stayed in Lille.*
Nadia et Olivia sont arrivées à 15h00.	*Nadia and Olivia arrived at 3pm.*
Ma sœur est allée faire des courses.	*My sister went shopping.*

Verbs using **avoir** to form the perfect tense **never** agree with the subject:

Elles ont acheté une maison.	*They bought a house.*

Imperfect tense

The imperfect tense (l'imparfait) is used:
1 to describe an action or something that happened frequently in the past;
2 to say what something or someone **was like**;
3 to describe what someone **used to do**;
4 to describe what someone **was doing.**

J'**étais** malade tous les jours.	*I **was/used to be** sick every morning.*
Le matin, quand je me **levais**, je ne **supportais** pas l'odeur du café.	*In the morning, when I **got up**, I **couldn't stand** the smell of coffee. (It happened several times or regularly.)*
Je **grossissais** à vue d'œil!	*I **was getting fatter** by the minute!*

Unlike the perfect tense (le passé composé), the imperfect consists of one word.
To construct the imperfect tense, take the **nous** form of the present tense:

téléphoner	nous téléphon**ons**
prendre	nous pren**ons**
dire	nous dis**ons**

Then drop the **-ons** and add the following endings:

je	-ais	**nous**	-ions
tu	-ais	**vous**	-iez
il/elle/on	-ait	**ils/elles**	-aient

téléphoner *to telephone*	**prendre** *to take*	**dire** *to say*	**oublier** *to forget*
je téléphon**ais**	je pren**ais**	je dis**ais**	j'oubli**ais**
tu téléphon**ais**	tu pren**ais**	tu dis**ais**	tu oubli**ais**
il/elle/on téléphon**ait**	il/elle/on pren**ait**	il/elle/on dis**ait**	il/elle/on oubli**ait**
nous téléphon**ions**	nous pren**ions**	nous dis**ions**	nous oubli**ions**
vous téléphon**iez**	vous pren**iez**	vous dis**iez**	vous oubli**iez**
ils/elles téléphon**aient**	ils/elles pren**aient**	ils/elles dis**aient**	ils/elles oubli**aient**

There is **one** exception – the verb **être: j'étais, tu étais, il était, nous étions, vous étiez, ils étaient.**
Note that **all** verbs in the imperfect tense have the same endings.

Perfect tense vs imperfect tense

Passé composé	*Imparfait*
j'ai travaillé	je travaillais
je suis allé(e)	j'allais

Both tenses are used to express past events	
Use when a single action started and finished, therefore *perfect*. Je suis allé(e) au cinéma. J'ai mangé une pomme.	Use when an action lasted or wasn't finished, therefore *imperfect*. (In English, you use *was/were* + *-ing*) J'allais au cinéma. Je mangeais une pomme.
Use for punctual actions. Je me suis levé(e), j'ai pris un café et j'ai écouté la radio…	Use when describing the 'background' of a story or a scene. Le soleil brillait, les oiseaux chantaient, des enfants jouaient…
Use when adding a 'measured' frequency to the action. L'année dernière, nous sommes allés en France trois fois.	Use when talking about past habits. (In English, you use *I used to…*) Quand j'étais petit, j'allais à l'école à pied. Je prenais le bus chaque jour.
	Use when describing what something/someone was like. La maison n'était pas grande mais c'était très confortable.

Future tense

There are three ways to express the future in French:

1 Use the present tense together with a time expression referring to the future:

Je **finis** à 8h00 **ce soir.** *I **am finishing** at 8pm **tonight.***

L'année prochaine, nous **partons** en Irlande. ***Next year**, we **are going** to Ireland.*

2 Use the verb **aller** (*to go*) followed by a verb in the infinitive form:

Je **vais visiter** les châteaux. *I **am going to visit** the castles.*

Ils ne **vont** pas **louer** une voiture. *They **are** not **going to hire** a car.*

3 This third form of the future corresponds to *I shall…* or *I will…* in English. It is called **le futur simple** and is used to talk about future plans:

Nous mangerons au restaurant tous les soirs. *We shall/will eat in the restaurant every evening.*

Elle sortira avec ses amis. *She'll go out with her friends.*

Je prendrai des bains de soleil. *I'll sunbathe.*

The simple future can also be used to give an order or instruction:

Vous lui direz bonjour de ma part. *Say hello to him for me.*

Quand vous arriverez aux feux, vous tournerez à gauche. *When you reach the traffic lights, turn left.*

Vous visiterez le château, il est magnifique! *Visit the castle, it's wonderful!*

Regular verbs

	manger	**finir**	**lire**
je	manger**ai**	finir**ai**	lir**ai**
tu	manger**as**	finir**as**	lir**as**
il/elle/on	manger**a**	finir**a**	lir**a**
nous	manger**ons**	finir**ons**	lir**ons**
vous	manger**ez**	finir**ez**	lir**ez**
ils/elles	manger**ont**	finir**ont**	lir**ont**

Common irregular verbs

être (*to be*) je serai, tu seras, il sera, nous serons, vous serez, elles seront

avoir (*to have*) j'aurai, tu auras, on aura, nous aurons, vous aurez, ils auront

aller (*to go*) j'irai, tu iras, elle ira, nous irons, vous irez, ils iront

voir (*to see*) je verrai, tu verras, il verra, nous verrons, vous verrez, elles verront

faire (*to do/make*) je ferai, tu feras, elle fera, nous ferons, vous ferez, ils feront

venir (*to come*) je viendrai, tu viendras, on viendra, nous viendrons, vous viendrez, ils viendront

LANGUAGE SUMMARY

Conditional

The conditional (*I **would** buy, she **would** do, they **would** eat*) is used:
– to express a possible consequence of something assumed (action, condition);
– to express a wish or desire;
– to make a polite request.

To make the conditional, take the **future** form of the verb but change the endings to the **imperfect** ones:

faire	*to do/to make*
je **ferai**	*I **shall**/**will** do or I **shall**/**will** make* (future) →

je fer**ais**	*I **would** do/make*	
tu fer**ais**	*you **would** do/make*	
il/elle/ça/on fer**ait**	*he, she, it, one **would** do/make*	(conditional)
nous fer**ions**	*we **would** do/make*	
vous fer**iez**	*you **would** do/make*	
ils/elles fer**aient**	*they **would** do/make*	

être	je serais	*I would be*
avoir	tu aurais	*you would have*
acheter	il achèterait	*he would buy*
prendre	nous prendrions	*we would take*
voir	vous verriez	*you would see*
venir	ils viendraient	*they would come*

Attention!

pouvoir	je pourrais	*I would be able to… or I could…*
devoir	je devrais	*I would have to… or I should… or I ought to…*

When stating a supposition or an assumption in French (starting with **si** – *if*) followed by a possible consequence (conditional), make sure you use the **imperfect tense** after **si**:

Si je gagnais à la loterie, j'**achèterais** une villa.   ***If** I won the lottery I **would buy** a villa.*

    imperfect   *conditional*

Si j'avais ce travail, je **serais** très heureux.   ***If** I had this work I **would be** very happy.*

Negatives

To make a sentence negative, you need to surround the verb – the action word – with two elements:
ne... and **...pas** (or **n'...** and **...pas** if the verb starts with a vowel or a silent **h**):

Je **ne** joue **pas** au football.   *I don't play football.*
Je **n'**aime **pas** le poisson.   *I don't like fish.*

For other negative expressions (eg *nothing, never, nobody…*), you also need to place two words round the verb:

ne verb **personne**	*not … anyone, nobody, no one*
ne verb **rien**	*not … anything, nothing*
ne verb **jamais**	*not … ever, never*
ne verb **plus**	*not … any more, no more, no longer*

When *nobody* or *no one* is the **subject** of the verb – eg *nobody smokes* – then **personne ne** is placed in front of the verb in French:

Désolé, **personne ne** parle anglais ici. *Sorry, nobody speaks English here.*

Personne ne fume. *Nobody smokes.*

Reflexive verbs

Certain verbs in French work with an extra element which reflects back the subject of the verb like a mirror. These are called 'reflexive verbs'.

Example: Je **me** demande *I ask myself (I wonder)*

me is the extra element (pronoun) which reflects back the word **je**

se réveiller *to wake up*	**s'inquiéter** *to get worried*	**ne pas s'amuser** *not to have fun*
je **me** réveille	je **m'**inquiète	je **ne m'**amuse **pas**
tu **te** réveilles	tu **t'**inquiètes	tu **ne t'**amuses **pas**
il/elle **se** réveille	il/elle **s'**inquiète	il/elle **ne s'**amuse **pas**
nous **nous** réveillons	nous **nous** inquiétons	nous **ne nous** amusons **pas**
vous **vous** réveillez	vous **vous** inquiétez	vous **ne vous** amusez **pas**
ils/elles **se** réveillent	Ils/elles **s'**inquiètent	ils/elles **ne s'**amusent **pas**

To say that you cut your finger, broke a leg or injured yourself, you use the **reflexive** form of the verb. It's as if you were saying *I broke myself the leg* or *I twisted myself the ankle*:

casser (*to break*)	becomes	**se casser**
blesser (*to injure*)	becomes	**se blesser**
couper (*to cut*)	becomes	**se couper**

Reflexive verbs use **être** in the perfect tense and past participles agree with the subject:

Je me suis levé.	*I got up.*
Elle s'est souvenu**e**.	*She remembered.*
Il s'est blessé.	*He's injured himself.*
Elle s'est blessé**e**.	*She's injured herself.*
Nous nous sommes coupé**s**.	*We've cut ourselves.*

This rule of agreement is no longer valid if you add a **direct object** after the verb, for instance when you add the actual part of the body injured or hurt.

Elle s'est coupé le doigt.	*She cut her finger.*
Elles se sont lav**ées**.	*They had a wash*
Elles se sont **lavé les mains**.	*They washed their hands.*

Note that in the expression **se faire mal** (*to hurt oneself*), **fait** never agrees with the subject:

Elle s'est **fait** mal à la tête. *She hurt her head.*

Questions

There are different ways to ask questions in French:

1   Use the statement word order and add the question word at the end :
    Ce vase coûte combien?   *How much does this vase cost?*
    Elle arrive quand?   *When is she arriving?*
2   Add the expression **est-ce que** after the question word and use the statement word order:
    Où **est-ce que** vous allez?   *Where are you going?*
    Pourquoi **est-ce qu'**ils apprennent le français?   *Why are they learning French?*

Note that these two ways are only used in informal speech.

3   The formal way of asking a question is to start with the question word and reverse the subject and the verb, as in English:
    Pourquoi apprennent-ils le français?   *Why are they learning French?*
    Où allez-vous?   *Where are you going?*
    Combien coûte ce vase?   *How much does this vase cost?*
    Quand arrive-t-elle?   *When does she arrive?*

Note that the French use a hyphen (-) between the verb and a subject pronoun (tu, nous, vous, etc) and that an extra **t** is inserted between a verb ending with a vowel and the pronouns **il, elle** and **on**:
Où va-t-il?   *Where is he going?*
Que mange-t-on ce soir?   *What are we eating tonight?*
Quand arrive-t-elle?   *When is she arriving?*

Object pronouns

Direct object pronouns

me *me*
te *you*
le *him* or *it* (masculine)
la *her* or *it* (feminine)
nous *us*
vous *you*
les *them* (masculine and feminine)
Note that **me, te, le** and **la** become **m', t'** and **l'** when the word that follows starts with a vowel or a silent **h**.

In French, the object pronoun is placed **before** the verb unless it is an imperative, in which case it comes **after** the verb (as in English).
Je **le** connais depuis des années.   *I've known **him** for years.*
Je **la** vois demain.   *I'm seeing **her** tomorrow.*
Elle **m'**a appelé hier soir.   *She called **me** last night.*
Je **vous** ai envoyé un email ce matin.   *I sent **you** an email this morning.*
L'avez-vous reçu?   *Did you receive **it**?*
Non, je ne **l'**ai pas reçu.   *No, I didn't receive **it**.*
Envoie-**les**!   *Send **them**! (imperative)*
Prends-**le**!   *Take **it**! (imperative)*

When using an imperative, the pronoun **me** becomes **moi** unless you are using a **negative imperative**:

Aidez-**moi**, s'il vous plaît!   *Please help **me**!*

Ne me regarde **pas** comme ça!   *Don't look at **me** like that!*

Indirect object pronouns

Indirect object pronouns are the equivalent of the English *to me, to you, to him, to her, to us, to them.* In French they are the same as direct pronouns with three exceptions:

me   *to me*
te   *to you*
lui   *to him*
lui   *to her*
nous   *to us*
vous   *to you*
leur   *to them* (masculine and feminine)

Je voudrais **lui** parler.   *I'd like to speak **to him / to her**.*

Elle **nous** écrit régulièrement.   *She writes **to us** regularly.*

Note that in French, certain verbs use an **indirect** object where you would use a **direct** object in English:

Je vais **leur** téléphoner.   *I'm going to phone (to) them.*

Nous **lui** avons dit.   *We told (to) him/her.*

Demandez-**lui** de me rappeler.   *Ask (to) him/her to call me back.*

You may want to use several object pronouns at a time. If so, use them in the following order:

1	2	3
me	le (l')	lui
te	la (l')	leur
nous	les	
vous		

Je compte donner la clé à tes parents.   *I intend to give the key to your parents.*

Je compte **la**   **leur**   donner.   *I intend to give **it to them**.*

it *(to them)*
la **leur**

Agreement of past participles with direct object

In the perfect tense (le passé composé), past participles of verbs using **avoir** in the perfect tense **do not** agree with the subject:

Ils ont acheté une maison.

Nous avons vendu notre voiture.

Elle a fait une formation en anglais.

However, they do agree with the **direct object** if it is placed **before** the verb:

la voiture que | nous | avons vend**ue**
direct object | subject | verb

Pierre | les | a vu**s**.
subject | direct object | verb

En and *y*

1 The word **en** means *of it, of them, some* or *any*:

Examples:
Vous avez des enfants? | *Do you have any children?*
Oui, j'**en** ai trois. | *Yes, I've got three (of them)*
Vous avez de la monnaie? | *Do you have any change?*
Désolé(e), je n'**en** ai pas. | *Sorry, I don't have any.*

Note that in English, you wouldn't always use *of it* or *of them* but in French, the word **en** is compulsory.

2 The word **en** is also used with verbs followed by **de** such as **s'occuper de…** (*to look after…*), **avoir besoin de…**(*to need…*), **se servir de…** (*to use…*), when you want to say *it* or *them*:

Tu **as besoin de** ce stylo? | *Do you need this pen?*
Oui, j'**en** ai besoin. | *Yes, I need it.*
Qui **s'occupe des** enfants à la maison? | *Who looks after the children at home?*
En général, ma mère s'**en** occupe. | *Generally, my mother looks after **them**.*

3 The word **y** generally means *there*.

Vous allez souvent au cinéma? | *Do you often go to the cinema?*
J'**y** vais chaque semaine. | *I go (there) every week.*
Vous voulez **y** aller avec moi? | *Do you want to go (there) with me?*

Note that in French, the word **y** is often used where in English, the word *there* would be left out.

4 The word **y** is also used with verbs followed by **à**, such as **penser à…** (*to think of/about…*), **s'intéresser à…** (*to be interested in…*), when you want to say *it* or *them*.

Vous vous intéressez **aux** timbres? | *Are you interested in stamps?*
Non, je ne m'**y** intéresse pas vraiment. | *No, I'm not interested (in them) really.*

y and **en** are placed before the verb unless an imperative is used (to give instructions or orders):

Vas-y! | *Go (there)!*
Prenez-en deux ou trois! | *Take two or three (of them)!*

There are a number of common expressions in French which use **y** and **en**:

Il y a… | *There is…/There are…*
Il y en a / Il n'y en a pas. | *There is some/There isn't any.*
Ça y est! | *That's it!/I've finished!*
Elles s'en vont. | *They're going away. (from s'en aller to go away)*
Va-t-en! | *Go away! (Get out!)*

Depuis and *Il y a*

Depuis *since, for*

Examples: *I have been doing French for two years.*

I'm (still) doing it.
Je fais ...

We have been living in Brittany since April 2005.

We (still) live there.
Nous vivons (habitons) ...

Use **depuis** (*since/for*) when the action is still going on:
Je **fais** du français **depuis** deux ans.
Nous **vivons** en Bretagne **depuis** avril 2005.
Note that in the negative form, the French use the perfect tense (le passé composé):

Je n'ai pas fait de français depuis deux ans.   *I haven't done/haven't been doing French for two years.*
Nous ne sommes pas allés en Bretagne depuis janvier 2004.   *We haven't been to Brittany since January 2004.*

Il y a *ago*

Examples: J'ai étudié le français **il y a 20 ans.**   *I studied French 20 years ago.*
Il y a longtemps, ils sont allés en Espagne.   *A long time ago, they went to Spain.*

Use **il y a** (*ago*) before a period of time:
Il y a 10 ans j'ai habité en Italie.
Il a réussi ses examens **il y a** longtemps.

Adjectives

Adjectives change their endings depending on what they are describing. They usually follow the noun they describe.
The masculine form is the 'raw' form of the adjective (the form given in dictionaries):

un manteau **vert**	*a green coat*
un exercice **difficile**	*a difficult exercise*
un poulet **gras**	*a fat chicken*
un homme **généreux**	*a generous man*

Regular adjectives

To make a masculine adjective plural, simply add **s** to the end of the adjective, unless the singular form already ends in **s** or **x**:

des manteaux vert**s**	*green coats*
des exercices difficile**s**	*difficult exercises*
des poulets gras	*fat chickens*
des hommes généreux	*generous men*

The feminine form is generally made by adding **e** to the end of the adjective, unless the singular form already ends with **e**. Add **es** for the feminine plural:

une chemise bleue	*a blue shirt*
des activités difficiles	*difficult activities*
des chaussures vertes	*green shoes*

Irregular adjectives

Adjectives ending in...	Masculine singular	Feminine singular	Masculine plural	Feminine plural
-eux	délicieux	délicieuse	délicieux	délicieuses
-il, -en, -on, -el	bon	bonne	bons	bonnes
-f	sportif	sportive	sportifs	sportives
-eau	beau	belle	beaux	belles

Adjectives	Masc. sing.	Fem. sing.
old	vieux	vieille
white	blanc	blanche
long	long	longue
mad	fou	folle

Note that **beau** and **vieux** become **bel** and **vieil** in front of a masculine noun starting with a vowel or a silent **h**:
un **bel** arbre
un **vieil** homme

Most adjectives come **after** the noun they describe, but some common adjectives come **before** the noun. Here are some examples:
petit, grand, gros, jeune, vieux, bon, beau
un **petit** garçon
une **vieille** garde-robe
un **beau** bateau

Colours

Colours in French are always placed **after** the noun.
Colours agree with the noun they describe provided the colour is **one** word:

un chemisier vert	*a green blouse*
des manteaux verts	*green coats*
une jupe verte	*a green skirt*
des chaussettes vertes	*green socks*

If the colour is made up of **two** words (*deep green, pale yellow, dark blue*, etc), the colour remains **invariable** whatever the gender and number of the noun:

un chemisier **vert clair**	*a light green blouse*
des manteaux **vert clair**	*light green coats*
une jupe **vert foncé**	*a dark green skirt*
des chaussettes **vert foncé**	*dark green socks*

However, some colours – even those consisting of a single word – do not agree with the noun they describe and remain **invariable**. These colours are ones that can be represented by an image or a picture, or are related to the colour of something well-known:

orange	*orange*	**saumon**	*salmon pink*
marron	*chestnut/brown*	**fuchsia**	*fuchsia*
ocre	*ochre*	**marine**	*navy*
crème	*cream*	**kaki**	*khaki*
moutarde	*mustard yellow*	**caca d'oie**	*yellowish green*

des chaussettes **kaki**
des chaussures **marron**
une chemise **bleu ciel**
une jupe **bleu marine**

Comparatives

plus... que... (*more ... than ...*)
moins... que... (*less ... than ...*)
aussi... que... (*as ... as ...*)

La Tour Eiffel est **plus** haute **que** Big Ben.	*The Eiffel Tower is higher than Big Ben.*
Mon appartement est **moins** cher **que** ta maison.	*My flat is cheaper than your house.*
Ta cuisine est **aussi** grande **que** tout mon appartement.	*Your kitchen is as big as my flat.*

Exceptions:

bon (*good*)	→	**meilleur** (*better*)
mauvais (*bad*)	→	**pire** (*worse*)
bien (*well*)	→	**mieux** (*better*)
mal (*badly*)	→	**pire** (*worse*)

To say *the most ...* or *the least ...* , simply put the article **le**, **la** or **les** in front of **plus** or **moins**. Generally, the French put the noun they're referring to before **le plus...**, **la moins...**
La montagne **la plus** haute d'Europe est le Mont-Blanc.
The highest mountain in Europe is Mont-Blanc. (literally The mountain the highest in Europe ...)
Sur cette photo, la personne **la plus** âgée est ma grand-mère.
On this photo, the oldest person is my grandmother. (literally the person the oldest ...)

LANGUAGE SUMMARY

Possessives

The possessive adjectives (*my*, *your*, *his*, *her*, *its*, *our* and *their*) agree with the noun that follows and change according to the gender and the number of that word:

the wallet	**le** portefeuille (masculine)		*the cheques*	**les** chèques (plural)	
my wallet	**mon** portefeuille		*my cheques*	**mes** chèques	
the credit card	**la** carte de crédit (feminine)				
my credit card	**ma** carte de crédit				

	portefeuille (masc.)	*carte* (fem.)	*chèques* (pl.)
my	mon	ma	mes
your	ton	ta	tes
his/her/its/one's	son	sa	ses
our	notre	notre	nos
your	votre	votre	vos
their	leur	leur	leurs

Note that if a feminine singular word starts with a vowel or a silent **h**, the French use the masculine form of the possessive adjective:

Mon audition s'est bien passée.	*My audition went well.* (audition is feminine)
la guerre dans toute **son h**orreur	*war in all its horror* (horreur is feminine)
Ton amie est très jolie.	*Your friend is very pretty.* (amie is feminine)

Mine, yours, etc.

In French, using the words *mine*, *yours*, *his*, *hers*, *theirs* can be quite tricky because each of these words takes a different form depending on whether the noun referred to is masculine, feminine, singular or plural.

	Masc. sing.	*Fem. sing.*	*Masc. plur.*	*Fem. plur.*
mine	le mien	la mienne	les miens	les miennes
yours	le tien	la tienne	les tiens	les tiennes
his/hers	le sien	la sienne	les siens	les siennes
ours	le nôtre	la nôtre	les nôtres	les nôtres
yours	le vôtre	la vôtre	les vôtres	les vôtres
theirs	le leur	la leur	les leurs	les leurs

Note that to say *yours* and *ours*, a circumflex accent is added to the **o**:
votre stylo – le v**ô**tre
votre maison – la v**ô**tre

J'ai oublié mon pull.	Prenez **le mien!**	(**pull** is masculine singular)
I forgot my jumper.	*Take **mine**!*	
J'ai oublié mes lunettes.	Prenez **les miennes!**	(**lunettes** is feminine plural)
I forgot my glasses.	*Take **mine**!*	

After the verb **être** (*to be*), you can use the following:

Ce stylo est **à moi**.	*This pen is **mine**.*	Ce sac n'est pas **à nous**.	*This bag is not **ours**.*
Ce livre est **à toi**.	*This book is **yours**.*	C'est **à vous**.	*It's **yours**.*
Ces lunettes sont **à lui**.	*These glasses are **his**.*	Cette voiture est **à eux**.	*This car is **theirs**.* (masc.)
Cette bague est **à elle**.	*This ring is **hers**.*	Cette voiture est **à elles**.	*This car is **theirs**.* (fem.)

Relative pronouns

Qui and que

qui and **que** can mean *who, which* or *that*:
L'homme **qui** sort de la maison est le propriétaire.
*The man **who** is coming out of the house is the landlord.*
La maison **qui** est à vendre au bord du lac est très chère.
*The house **which** is for sale by the lake is very expensive.*
L'homme **que** tu vois là-bas est le propriétaire.
*The man **(that)** you see over there is the landlord.*
L'appartement **que** j'ai acheté n'est pas très grand.
*The flat **(that)** I bought isn't very big.*

Qui refers to the subject of the verb (the 'doer') and **que** refers to the object of the verb.
As a general rule remember that:
qui is directly followed by a verb.
que is followed by a noun (a person or thing) or a pronoun (je, elle, nous, vous, etc).

Ce qui and **ce que** both mean *what* and just like **qui** and **que**, **ce qui** is followed by a verb (**ce qui** is the subject of the verb) and **ce que** is followed by a noun or a pronoun (**ce que** represents the object of the verb).
Ce que nous voulons, c'est une petite maison.
Ce qui est important, c'est d'avoir une cuisine équipée.
***What** we want is a small house.*
***What** is important is to have a fully-equipped kitchen.*

Ce qui and **ce que** can also mean *which*. In this context they are used to refer back to a whole idea and not just to a noun.
Il y a un jardin et un garage, **ce qui** est très important pour nous.
*We have a garden and a garage, **which** is very important for us.*

Ce qui and **ce que** are also used after **tout** to say *all that..., everything that...* or *anything that...*:
Tout ce que je veux, c'est une petite maison à la campagne.
***All (that)** I want is a little house in the countryside.*

Dont

Dont means *whose, of which, of whom, about whom* or *about which*:
J'ai acheté l'appartement **dont** je t'ai parlé. *I bought the flat **about which** I talked to you.*
Josiane, **dont** la maison est à vendre, habite en Angleterre. *Josiane, **whose** house is for sale, lives in England.*

A

abonnement *(m)*	subscription	10
abonner: s'abonner à	to subscribe to	3
abord: d'abord	first	7
accroître	to increase	9
accueil *(m)*	welcome	8
actuel(le)	current	10
afin de	in order to	7
agricole	agricultural	2
agro-alimentaire *(m)*	food industry	2
aiguille *(f)*	needle	8
aiguiser	to sharpen	2
aile *(f)*	wing	6
ailleurs	elsewhere	7
alimentaire	food-related	7
alimenter	to feed	8
allégrement	cheerfully	7
allonger: s'allonger	to lie down	7
allumer	to switch on	4
alors que	whereas/whilst	7
âme sœur *(f)*	soulmate	3
aménager	to instal/to convert	4
ampoule *(f)* électrique	electric bulb	4
amuser: s'amuser	to have fun	1, 2
ancien(ne)	former	4
anniversaire *(m)*	birthday/anniversary	1
annonce *(f)*	advert	4
annuel(le)	annual	4
annuler	to cancel	5
antidérapant(e)	non-slip	7
appel *(m)*	call	5
appeler	to call	5
apprendre	to learn	1
apprendre à	to learn how to	7
après: d'après moi	in my opinion	7
araignée *(f)*	spider	7
arbitre *(m/f)*	referee (game)	3
arborer	to wear	3
arc *(m)*	bow	9
ardu(e)	difficult	3
argent *(m)*	money	1, 3
argent *(m)*	silver	9
arrobas(e) *(m/f)*	@	5
as *(m)*	ace (card)	6
asseoir: s'asseoir	to sit down	2
assiette *(f)*	plate	1
astucieux(euse)	astute	1
atelier *(m)*	workshop	4
atteindre	to reach	6, 8
attendre	to wait	1
au contraire	on the contrary	7
au volant	driving (at the wheel)	7
autocollant(e)	self-adhesive	7
avaler	to swallow	3
avancer	to move forward	10
averse *(f)*	shower (rain)	8
avide de connaissances	eager for knowledge	1
avis: à mon avis	in my opinion	7
avocat(e) *(m/f)*	lawyer/solicitor	1
avoir besoin de	to need	3
avoir de la chance	to be lucky	3
avoir l'air	to look/to seem	7
avoir l'intention de	to intend	8
avoir peur de	to be afraid of	3
avoir raison	to be right	3
avoir tort	to be wrong	3
avoisiner	to come close to	9

B

bac *(m)*	baccalaureate (A level)	2
bagarreur(euse)	aggressive	3

baie *(f)* vitrée	picture window	4
bail *(m)*	lease	4
baisse *(f)*	decrease	9
baisser	to decrease	9
balance *(f)*	scales	3
baliser	to signpost	8
banette *(f)*	tray (office)	10
banquette *(f)*	seat	4
baskets *(fpl)*	trainers (shoes)	6
bâtiment *(m)*	building	4
bâtir	to build	4
beffroi *(m)*	belfry	2
bénéficier	to be entitled	5
bénévole *(m/f)*	voluntary, volunteer	10
besoin *(m)*	need	10
bêtement	foolishly	2
bien que	although	1
bien	well	3
bien-être *(m)*	well-being	7
bijou *(m)*	jewel	6
bimensuel(le)	fortnightly	4
bimestriel(le)	every two months	4
blesser: se blesser	to injure oneself	7
bleuet *(m)*	blueberry	4
blouson *(m)*	lumber jacket/ blouson-style jacket	9
boire	to drink	1
bois *(m)*	wood	9
boîte *(f)*	company (firm)	1
bon(ne)	good	1
bonnet *(m)* de feutre	felt hat	6
bougeoir *(m)*	candle-holder	9
bouilloire *(f)*	kettle	1
boulot *(m)*	work	8
bourdonnement *(m)*	buzzing	6
Bourse *(f)*	Stock Exchange	3
boussole *(f)*	compass	2
bout *(m)* arrondi	rounded end	2
bouton) *(m)*	key	5
boutonné(e)	buttoned	9
broder	to embroider	9
brouillard *(m)*	fog	8
brûlure *(f)*	burn	7

C

cadet (frère)	younger (brother)	3
campagne *(f)*	countryside	2, 8
candidature *(f)*	application (job)	10
canicule *(f)*	heatwave	2
cannelle *(f)*	cinnamon	9
car	because	1
caritatif(ive)	charitable	10
carnet *(m)* de chèques	cheque book	3
carré *(m)*	square	9
carrelage *(m)*	tile	7
carte *(f)* de visite	business card	10
case *(f)*	square	10
cassé(e)	broken	9
casser: se casser	to break	7
castor *(m)*	beaver	4
céder	to sell/to give away	4
ceindre	to put s.thg round one's head	6
cependant	however	1
chambre *(f)*	bedroom	4
charger: se charger de	to take care of	10
chauffage *(m)*	heating	4
chef *(m/f)*	manager	1
chemise *(f)*	shirt	1
chemisier *(m)*	blouse	9

chéquier *(m)*	cheque book	3
chevalier *(m)*	knight	3
cheveux *(mpl)*	hair	1
chevreuil *(m)*	deer/venison	7
chiffre *(m)* d'affaires	turnover	10
choisir	to choose	1
chute *(f)*	fall	7
ci-joint(e)	enclosed	5
cisailler	to prune	2
citron *(m)* vert	lime	9
classement *(m)*	filing	10
clavier *(m)*	keyboard	5
coffre *(m)*	car boot	7
cogner: se cogner	to bang	7
colis *(m)*	parcel	3
collants *(mpl)*	tights	9
combien	how many/ how much	1
commander	to order	9
comment	how	1
comportement *(m)*	behaviour	2
comprendre	to understand	1
comptabilité *(f)*	accountancy/ accounting	1, 10
compte *(m)* courant	current account	3
compte-épargne *(m)*	savings account	3
compter	to intend/ to count	3, 8
connaissance *(f)*	knowledge	10
connaître	to know (person/place)	1
conseiller *(m)*	adviser	10
conseiller	to advise	10
contenu *(m)*	content(s)	5
contrarier	to bother	1
contrefaçon *(f)*	imitation	2
convaincre	to convince	2
convenir	to suit	8
convoquer	to call in	10
coordonnées *(fpl)*	personal details	4
corne *(f)*	horn	2
costaud(e)	strong	9
costume *(m)*	suit (man's)	9
côté: d'un autre côté	on the other hand	7
côté: d'un côté	on (the) one hand	7
côtier(ière)	costal	2
coucher: se coucher	to go to bed	2
coude *(m)*	elbow	7
coup *(m)*	punch/kick	2
coup *(m)* de tonnerre	thunder	8
couper: se couper	to cut oneself	7
cour *(f)*	courtyard	4
couramment	fluently	6
courir	to run	1
courrier *(m)*	post/letters	4
couteau *(m)*	knife	2
coûter	to cost	1
couvert(e)	overcast	8
cracher	to spit	2
cranté(e)	notched	8
cravate *(f)*	tie	9
croire	to believe	1
croisière *(f)*	cruise	4
cuir *(m)*	leather	9
cuisson *(f)*	cooking	4, 8
cuivre *(m)*	brass	9
curer: se curer (les dents)	to pick (teeth)	2
cursus *(m)*	curriculum	10

D

dame *(f)*	queen (playing card)	6
dans le but de	in order to/with the aim of	10

241

French	English	
indemniser	to indemnify/to compensate	5
informatique (f)	IT/computing	1, 10
injure (f)	insult	3
inox (m)	stainless steel	9
inquiéter: s'inquiéter	to worry	2
inscrire	to enter/to write	1
insérer	to insert	3
intéresser: s'intéresser à	to be interested in	2
interrupteur (m)	switch	4
inusable	hard-wearing	2

J

French	English	
jaillir	to gush	8
jamais	never	1
jardin (m) d'hiver	conservatory	8
jeu (m)	game	6
jeune	young	1
joignable	contactable	10
joindre	to enclose	5
juste	fair	1
juteux(euse)	lucrative (juicy)	2

L

French	English	
lâche	coward	2
laine (f)	wool	9
laisser (un message)	to leave (a message)	5
se laisser faire	not to do anything	3
lame (f)	blade	1
largeur (f)	width	9
larme (f)	tear	3
lavabo (m)	washbasin	4
lecteur (m)	player	5
lecture (f)	reading	10
lessive (f)	washing (clothes)	8
lever: se lever	to get up	2
lèvre (f)	lip	10
lieu (m)	place	6
limer: se limer (les ongles)	to file (nails)	2
linge (m)	linen	9
liquide (m)	cash	3
littoral (m)	coastline	8
livraison (f)	delivery	9
livrée (f)	livery	2
livrer	to deliver	9
logiciel (m)	software	10
loisirs (mpl)	leisure	8
longueur (f)	length	9
lors (de)	during	1, 6, 10
lorsque	when	3
louer	to rent/to hire	4
loyer (m)	rent	4
luminaire (m)	light	9
lune (f)	moon	6
lune (f) de miel	honeymoon	9
lutter	to fight	2
lycée (m)	secondary school/ sixth-form college	10

M

French	English	
mâcher	to chew	2
mais	but	1
maîtriser	to master	2
mal	badly	3
malade	ill/sick	1
malheureux(euse)	unhappy	1
manquer	to miss	5
maquiller: se maquiller	to put on make-up	2
marcher: ça ne marche pas	it doesn't work	9
marrant(e)	funny	1
marteau (m)	hammer	8
matière (f)	material	9
mauvais(e)	bad	1
mauvais sort (m)	bad luck	6

French	English	
méfier: se méfier	not to trust	8
mélanger	to mix	2
mensuel(le)	monthly	4
menuiserie (f)	woodwork	4
méridional(e)	southern	8
mériter	to deserve	10
mettre	to put	1
mettre en demeure	to give formal notice	5
mettre tout en œuvre	to do everything possible	8
se mettre à	to start	9
meublé(e)	furnished	4
mignon(ne)	cute	1
mine de rien	'though you wouldn't think so'	2
minier(ière)	mining	2
mise (f) en page	page make-up	10
modalité (f)	condition	5
mode (m)	fashion	9
monde: il y a du monde	it's crowded	1
montant (m)	amount	4
moquette (f)	fitted carpet	7
mordant(e)	sharp	1
motif (m)	pattern	9
mouche (f)	fly	6
moustique (m)	mosquito	7
moyen(ne)	medium/average	2
mur (m)	wall	4
muscade (f)	nutmeg	9
myrtille (f)	bilberry	4

N

French	English	
nager	to swim	1
neiger	to snow	8
nettoyage (m)	cleaning	8
nettoyer	to clean	4
neuf (neuve)	brand new	6
niveau (m)	level	8
nocif(ive)	harmful	7
non-voyant(e)	blind	10
nouilles (fpl)	noodles	9
nuageux(euse)	cloudy	8
nuisible	harmful	7
numérique	digital	8, 10

O

French	English	
occidentalisé(e)	westernised	6
occupé(e)	engaged/busy	5
occuper: s'occuper de	to look after	2, 10
ombre: à l'ombre	in the shade	7
onde (f)	wave	7
ondée (f)	sudden downpour	8
or (m)	gold	9
orage (m)	thunderstorm	8
orageux(euse)	thundery	8
ordinateur (m)	computer	1, 5
orpaillage (m)	gold washing	9
orteil (m)	toe	7
oseille (f)	sorrel	9
oser	to dare	9
ou	or	1
où	where	1
ourlet (m)	hem	6
outil (m)	tool	2
outillage (m)	tools	4

P

French	English	
pagaie (f)	paddle	9
paisiblement	peacefully	2
panneau (m)	sign	5
papier (m) peint	wallpaper	4
par contre	on the other hand	7
parapluie (m)	umbrella	6
parce que	because	1
parcourir	to travel through	4
parmi	amongst	8
parquet (m)	wooden floor	7

French	English	
part: c'est de la part de qui?	who's calling?	5
partir: à partir de	from	4
partout	everywhere	2
paru(e)	published	10
pas grand-chose	not much	8
passer	to spend (time)	1
passer (quelqu'un)	to put through (to someone)	5
passer au peigne fin	to go through s.thg with a fine-tooth comb	7
se passer	to happen	2
pastèque (f)	water melon	7
patienter	to wait	3
patinage (m)	ice-skating	2
patois (m)	local dialect	2
patrimoine (m)	heritage	1, 3
paysage (m)	landscape	8
peigne (m)	comb	9
pendaison (f) de la crémaillère	housewarming party	9
pendant	during	1, 3
peniche (f)	barge	4
penser	to think	1
pépite (f)	nugget	9
percée (f)	appearance/ breakthrough	8
perceuse (f)	drill	4
perdre l'équilibre	to lose balance	7
performant(e)	outstanding	10
périmé(e)	out of date	9
perle: c'est une perle	he/she is a real gem	6
perroquet (m)	parrot	7
persister	to continue	8
personne	nobody	1
perturber	to disrupt	8
peser	to weigh	3, 9
peste (f)	plague	3
pièce (f)	room	4
pierre (f)	stone	9
pimenté(e)	spicy	9
piquer	to sting/to bite	7
placement (m)	investment	3
plaindre: se plaindre	to complain	2
plaire	to please	4
plaisantin (m)	joker	2
plancher (m)	(wooden) floor	4
pleurer	to cry	2
pleuvoir	to rain	8
pluie (f)	rain	8
plutôt	rather	9
pluvieux(euse)	rainy	8
poids (m)	weight	7, 9
poignet (m)	wrist	7
poilu(e)	hairy	7
point (m) de repère	milestone	10
portefeuille (m)	wallet	3
porte-monnaie (m)	purse	3
porter	to wear	9
posé(e)	composed	1
poste (m)	shift	2
postuler	to apply (job)	2
potable	drinkable	7
potager (m)	vegetable garden	4
pour	in order to/for	7
pourquoi	why	1
pourri(e)	rotten	9
poutre (f)	beam	7
pouvoir	can/to be able to	1
pré (m)	meadow	2
préavis (m)	notice	4
prendre	to take	1
prestations (fpl)	services	10
prêt (m)	loan	3
prier de	to request	2
prise (f) électrique	electric socket	4

French	English	Unit
prisé(e)	valued	8
profondeur (f)	depth	9
promener: se promener	to walk around	1
promouvoir	to promote	10
propice	favourable	7
protéger	to protect	3
provenir	to come from	6
puce (f)	flea	7
puis	then	7

Q

French	English	Unit
qu'est-ce que	what	1
qualifier de	to describe as	3
quand	when	1
quant à	regarding	10
quel	which/what	1
qui	who	1
ne quittez pas	hold the line	5
quoi qu'il en soit	however that may be	8
quotidien(ne)	daily	4

R

French	English	Unit
rafale (f)	strong gust of wind	8
râler	to moan	1
ramener	to bring back	7
rancunier(ière)	spiteful	1
randonnée (f)	ramble	4
rangement (m)	storage	4
ranger	to put away/to tidy up	5
rappeler	to call back, to remind	5
raser: se raser	to have a shave	2
rater	to fail/to miss	1, 2
rayé(e)	scratched	9
rayon (m)	radius	9
rayon (m) (magasin)	department/aisle (shop)	4
rebiquer	to stick up	7
receler	to lie hidden	6
reculer	to move backwards	10
refroidir: se refroidir	to get cold	7
régime (m)	diet	2
régler	to settle	3
relation (f)	affair	1
relevé(e)	spicy	9
rembourser	to reimburse	9
remercier	to thank	5
remettre en cause	to raise doubts	1
rendez-vous (m)	appointment	5
rendre l'âme	to pass away	2
rendre	to give back	5
répandre	to spread	7
répartir	to spread	8
repas (m)	meal	9
répondeur (m)	answerphone	5
réponse (f)	answer	1
reporter	to postpone	5
reposer: se reposer	to rest	2
requis(e)	required	10
résoudre	to solve	2
retirer	to withdraw	3
retrouvailles (fpl)	reunion	1
retrouver: se retrouver	to meet up	2
réunion (f)	meeting	5
réussir	to succeed	2
rêve (m)	dream	6
réveiller: se réveiller	to wake up	2
rêver	to dream	4
revêtement (m)	covering	4
rideau (m)	curtain	6
rien	nothing	1
robinet (m)	tap	7
robinet (m) d'arrêt	stopcock	4
roi (m)	king (playing card)	6
romper	to break	9
ruban (m) adhésif	sticky paper	7

French	English	Unit
rusé(e)	cunning	2

S

French	English	Unit
s'arrêter de	to stop (doing s.thing)	7
sable (m)	sand	7
sabot (m)	hoof	2
sac (m) de couchage	sleeping bag	8
salle (f)	room/hall	4
salle (f) d'eau	shower room	4
sang (m)	blood	7
sanglier (m)	boar	6
sans	without	5
sautes (fpl) d'humeur	mood swings	6
sauvegarder	to save	5
savoir	to know	1
savoir gré	to be grateful	5
séculaire	centuries-old	3
séjour (m)	stay	5
selon	according to	5
sémillant(e)	bright/sparkling	6
sens (m)	meaning	2
sensé(e)	sensible	1
sensible	sensitive	1
sentier (m)	path	8
sentir	to smell/to feel	2
se sentir	to feel	2
serrer	to tighten	2
service (m) après-vente	after-sales service	10
siècle (m)	century	4
siège (m)	seat	7
signaler	to point out	5
singe (m)	monkey	7
situer: se situer	to be located	4
ski (m) nautique	water-skiing	8
SMS (m)	text message	7
soie (f)	silk	1
soigner	to take care	10
soirée (f)	evening/party	1
sol (m)	floor	4
soleil (m)	sun	8
sommeil (m)	sleep	7
sorcière (f)	witch	3
sortir	to go out	1
souffler	to blow	8
souhaiter	to wish	5
sourd(e)	deaf	10
souriant(e)	smiling	3
sourire	to smile	7
souris (f)	mouse	5
sous-sol (m)	subsoil/basement	6
soutien-gorge (m)	bra	9
souvenir: se souvenir	to remember	2
souvent	often	1
spectacle (m)	show	9
stage (m)	training period	10
stagiaire (m/f)	trainee	10
stationnement (m)	parking	5
sténodactylo (m/f)	shorthand typist	10
suite à …	further to…/ following…	5
supporter	to stand/to tolerate	6
supprimer	to delete	5
surcroît (m)	extra/increase	2
surtout	especially	3
surveiller	to watch/to keep an eye on	6
susceptible	touchy	2
sympa	kind/great	1

T

French	English	Unit
tableau (m)	painting	8
tâche (f)	task	10
taché(e)	stained	9
taille (f)	size	4
tailler	to cut/to trim	2

French	English	Unit
tailleur (m)	suit (woman's)	9
taire: se taire	to stop talking	2
tambour (m)	drum	9
tamis (m)	sieve	9
tandis que	whereas/whilst	7
taper	to type (in)	3
télécharger	to download	5
tenir	to hold	5
tenir compte de	to take (s.thing) into account	10
têtu(e)	stubborn	1
timbre (m)	stamp	3
tissage (m)	weaving	9
tissu (m)	fabric	9
toit (m) de chaume	thatched roof	6
tondeuse (f) à gazon	lawn mower	4
tordre: se tordre	to twist	7
tordu(e)	bent	9
touche (f)	key	5
toucher du bois	to touch wood	7
tout de même	even so	8
toutefois	however	8
traiter	to process	3
transpirer	to perspire	6
trébucher	to trip	7
trimestriel(le)	quarterly	4
triste	sad	1
tromper: se tromper	to make a mistake	5
troquer	to swap/to exchange	6
trou (m)	hole	4
trouver	to find	1
truc (m)	tip (advice)	4
trucage (m)	special effect	10

U

French	English	Unit
uniquement	only	3
unité (f) centrale	CPU	5

V

French	English	Unit
vache (f)	cow	2
vaisselle (f)	washing-up	1, 8
valet (m)	jack (playing card)	6
vannerie (f)	wickerwork	9
varicelle (f)	chickenpox	7
veiller à	to see to	10
vendeur (m)	salesman	1
vendeuse (f)	saleswoman	1
vendre	to sell	4
vent (m)	wind	8
verbaliser	to charge/to report	5
vérifier	to check	1
verre (m)	glass/drink	1, 9
veste (f)	jacket	9
vestiaire (m)	wardrobe	9
vêtement (m)	item of clothing	9
veuillez … (+ verbe)	please … (+ verb)	5
vide	empty	4
vide-poches (m)	table tidy	9
vieux (vieille)	old	1
vin (m) d'honneur	reception (drink)	9
visionner	to view	5
visser	to screw in	2
vœu (m)	wish	3
voile (m)	veil	8
voile (f)	sail	8
voir	to see	1
voire	and even	10
voler	to steal	5
volontaire	wilful	1
vouloir	to want	1
s'en vouloir	to be annoyed with oneself	3
voyager	to travel	1
vraiment	really	1
vue: à vue d'œil	visibly	6

A

abroad	à l'étranger	1
about: it is about…	il s'agit de…	3
accommodation	hébergement (m)	8, 10
according to	selon	5
accountancy/ accounting	comptabilité (f)	1, 10
ace (card)	as (m)	6
advert	annonce (f)	4
advise, to	conseiller	10
adviser	conseiller (m)	10
affair	relation (f)	1
afraid: to be afraid of	avoir peur de	3
after-sales service	service (m) après-vente	10
aggressive	bagarreur(euse)	3
ago	il y a (période)	3
agricultural	agricole	2
alert: to be on the alert	être sur le qui-vive	3
also	également	3, 6
although	bien que	1
amongst	parmi	8
amount	montant (m)	4
and even	voire	10
anniversary	anniversaire (m)	1
annoyed: to be annoyed with o.self	s'en vouloir	3
annual	annuel(le)	4
answer	réponse (f)	1
answerphone	répondeur (m)	5
anthem	hymne (m)	1
appearance	percée (f)	8
application (job)	candidature (f)	10
apply (job), to	postuler	2
appointment	rendez-vous (m)	5
argue, to	se disputer	2
arrow	flèche (f)	9
as	en tant que	10
as part of	dans le cadre de	10
as soon as	dès que	1
astute	astucieux(euse)	1
at-sign (@)	arrobas(e) (m/f)	5
attic	grenier (m)	4
average	moyen(ne)	2

B

baccalaureate (A level)	bac (m)	2
bad	mauvais(e)	1
bad luck	mauvais sort (m)	6
badly	mal	3
bang, to	se cogner	7
barge	péniche (f)	4
basement	sous-sol (m)	6
bathed in sweat	en nage	6
beam	poutre (f)	7
beaver	castor (m)	4
because	parce que, car	1
become, to	devenir	1, 3
bedroom	chambre (f)	4
bedside rug	descente (f) de lit	7
behaviour	comportement (m)	2
belfry	beffroi (m)	2
believe, to	croire	1

bent	tordu(e)	9
bilberry	myrtille (f)	4
bill	facture (f)	3
birthday	anniversaire (m)	1
bite, to	piquer	7
blade	lame (f)	2
blind	non-voyant(e)	10
blood	sang (m)	7
high blood pressure	hypertension (f)	7
blouse	chemisier (m)	9
blow, to	souffler	8
blueberry	bleuet (m)	4
boar	sanglier (m)	6
boot (car)	coffre (m)	7
bored: to be/ get bored	s'ennuyer	8
bother, to	contrarier	1
bottom	fond (m)	7
bow	arc (m)	9
bra	soutien-gorge (m)	9
brand image	image (f) de marque	10
brand new	neuf (neuve)	6
brass	cuivre (m)	9
break, to	se casser	7
break, to	se déclencher	8
break, to	rompre	9
breakthrough	percée (f)	8
breeding	élevage (m)	2, 6
bright	sémillant(e)	6
bring back, to	ramener	7
bring up, to	élever	3
broadband	haut débit (m)	5
broken	cassé(e)	9
build, to	bâtir	4
building	bâtiment (m)	4
burn	brûlure (f)	7
business card	carte (f) de visite	10
but	mais	1
buttoned	boutonné(e)	9
buzzing	bourdonnement (m)	6

C

call	appel (m)	5
call, to	appeler	5
call back, to	rappeler	5
call in, to	convoquer	10
can/to be able to	pouvoir	1
cancel, to	annuler	5
candle-holder	bougeoir (m)	9
care: I don't care	je m'en fiche	8
carpet (fitted)	moquette (f)	7
cash	liquide (m)	3
cashpoint	guichet (m) automatique	3
centuries-old	séculaire	3
century	siècle (m)	4
charitable	caritatif(ive)	10
check, to	vérifier	1
cheerfully	allégrement	7
cheque book	carnet (m) de chèques, chéquier (m)	3
chew, to	mâcher	2
chickenpox	varicelle (f)	7
chipped	ébréché(e)	9
choose, to	choisir	1
cinnamon	cannelle (f)	9

clean, to	nettoyer	4
cleaning	nettoyage (m)	8
cleaning lady	femme (f) de ménage	2
clear away, to	se dissiper	8
clear, to	dégager	8
clothing: item of clothing	vêtement (m)	9
cloudy	nuageux(euse)	8
coastline	littoral (m)	8
comb	peigne (m)	9
come close to, to	avoisiner	9
come from, to	provenir	6
company (firm)	boîte (f)	1
compass	boussole (f)	2
compensate, to	indemniser	5
complain, to	se plaindre	2
composed	posé(e)	1
computer	ordinateur (m)	1, 5
computing	informatique (f)	1, 10
condition	modalité (f)	5
consequently	donc	1
conservatory	jardin (m) d'hiver	8
contactable	joignable	10
content(s)	contenu (m)	5
continue, to	persister	8
convert, to	aménager	4
convince, to	convaincre	2
cooking	cuisson (f)	4, 8
cope, to	se débrouiller	8
cost, to	coûter	1
costal	côtier(ière)	2
count, to	compter	3, 8
counter	guichet (m)	
countryside	campagne (f)	2,
courtyard	cour (f)	
covering	revêtement (m)	
cow	vache (f)	
coward	lâche	
CPU	unité (f) centrale	
craving	envie (f), fringale (f)	
crazy	dingue	
crowd	foule (f)	3
it's crowded	il y a du monde	
cruise	croisière (f)	
cry, to	pleurer	
cunning	rusé(e)	
current	actuel(le)	1
current account	compte (m) courant	
curriculum	cursus (m)	1
curtain	rideau (m)	
cut, to	tailler	
cut oneself, to	se couper	
cute	mignon(ne)	

D

daily	quotidien(ne)	4
dare, to	oser	9
data	donnée (f)	10
deaf	sourd(e)	10
decide to, to	décider de	7
decrease	baisse (f)	9
decrease, to	baisser	9
deer	chevreuil (m)	7
delete, to	supprimer	5
deliver, to	livrer	9

245

English	French	
reading	lecture (f)	10
really	vraiment	1
recently	dernièrement	2
reception (drink)	vin (m) d'honneur	9
record, to	enregistrer	5
referee (game)	arbitre (m/f)	3
regarding	quant à	10
registered (letter)	en recommandé	3
reimburse, to	rembourser	9
remember, to	se souvenir	2
remind, to	rappeler	5
remove, to	enlever	5
rent	loyer (m)	4
rent, to	louer	4
report, to	verbaliser	5
request, to	prier de	2
required	requis(e)	10
rest, to	se reposer	2
reunion	retrouvailles (fpl)	1
right: to be right	avoir raison	3
room	pièce (f), salle (f)	4
rotten	pourri(e)	9
rounded end	bout (m) arrondi	2
rubber	gomme (f)	6
rude	grossier(ière)	2
run, to	courir	1
rush, to	filer	1
S		
sad	triste	1
sail	voile (f)	8
salary slip	fiche (f) de salaire	3
salesman	vendeur (m)	1
saleswoman	vendeuse (f)	1
sand	sable (m)	7
save, to	enregistrer, sauvegarder	5
savings	économies (fpl)	2
savings account	compte-épargne (m)	3
savour, to	déguster	9
scale, to	écailler	2
scales	balance (f)	3
scatter, to	se dissiper	8
scatterbrain	étourdi(e)	6
Scottish	écossais(e)	1
scratch, to	gratter	2
scratch, to	s'égratigner	7
scratched	rayé(e)	9
screen	écran (m)	5
screw in, to	visser	2
seat	banquette (f)	4
seat	siège (m)	7
secondary school	lycée (m)	10
see, to	voir	1
see to, to	veiller à	10
seem, to	avoir l'air	7
self-adhesive	autocollant(e)	7
sell, to	vendre, céder	4
send, to	envoyer	3
sensible	sensé(e)	1
sensitive	sensible	1
serious	grave	7
services	prestations (fpl)	10
settle, to	régler	3
sharp	mordant(e)	1
sharpen, to	aiguiser	2
shave: to have a shave	se raser	2
shelf	étagère (f)	4
shift	poste (m)	2
shirt	chemise (f)	1
shop window	devanture (f)	2
shorthand typist	sténodactylo (m/f)	10
show	spectacle (m)	9
shower (rain)	averse (f)	8
shower room	salle (f) d'eau	4
sick	malade	1
sieve	tamis (m)	9
sign	panneau (m)	5
signpost, to	baliser	8
silk	soie (f)	1
silver	argent (m)	9
since	depuis	1, 3
sink	évier (m)	4
sit down, to	s'asseoir	2
size	taille (f)	4
skyscraper	gratte-ciel (m)	5
sleep	sommeil (m)	7
sleeping bag	sac (m) de couchage	8
sliding	dérapage (m), glissade (f)	7
slip, to	glisser	7
smell, to	sentir	2
smile, to	sourire	7
smiling	souriant(e)	3
snag	hic (m)	9
snow, to	neiger	8
so	donc	1
software	logiciel (m)	10
solicitor	avocat(e) (m/f)	1
solve, to	résoudre	2
sorrel	oseille (f)	9
soulmate	âme sœur (f)	3
southern	méridional(e)	8
sparkling	sémillant(e)	6
special effect	trucage (m)	10
spend (money), to	dépenser	2
spend (time), to	passer	1
spicy	pimenté(e), relevé(e)	9
spider	araignée (f)	7
spirit	fougue (f)	9
spit, to	cracher	2
spiteful	rancunier(ière)	1
sprain, to	se fouler	7
spread, to	répandre, répartir	7, 8
spy on, to	épier	6
square	carré (m)	9
square	case (f)	10
stained	taché(e)	9
stainless steel	inox (m)	9
stamp	timbre (m)	3
start, to	se déclencher	8
start, to	se mettre à	9
stay	séjour (m)	5
steal, to	voler, dérober	5
stick up, to	rebiquer	7
sticky paper	ruban (m) adhésif	7
sting, to	piquer	7
Stock Exchange	Bourse (f)	3
stone	pierre (f)	9
stop (doing s.thing), to	s'arrêter de	7
stop talking, to	se taire	2
stopcock	robinet (m) d'arrêt	4
storage	rangement (m)	4
stoutness	embonpoint (m)	2
stretch one's legs, to	se dégourdir les jambes	7
strong	costaud(e)	9
stubborn	têtu(e)	1
subscribe to, to	s'abonner à	3
subscription	abonnement (m)	10
subsoil	sous-sol (m)	6
succeed, to	réussir	2
suit (man's)	costume (m)	9
suit (woman's)	tailleur (m)	9
suit, to	convenir	8
sun	soleil (m)	8
survey	enquête (f)	2
swallow, to	avaler	3
swap, to	échanger	1
swap, to	troquer	6
sweet (person)	doux (douce)	3
swim, to	nager	1
switch	interrupteur (m)	4
switch off, to	éteindre	4
switch on, to	allumer	4
T		
table tidy	vide-poches (m)	9
take, to	prendre	1
take (s.thing) into account	tenir compte de	10
take care of, to	se charger de	10
take care, to	soigner	10
take off one's shoes	se déchausser	5
tap	robinet (m)	7
task	tâche (f)	10
tear	larme (f)	3
tear to shreds, to	déchiqueter	6
tell, to	dire	1
text message	SMS (m)	7
thank, to	remercier	5
thanks to	grâce à	10
that is to say	c'est-à-dire	10
thatched roof	toit (m) de chaume	6
then	ensuite, puis	7
thickness	épaisseur (f)	9
think, to	penser	1
though you wouldn't think so	mine de rien	2
thunder	coup (m) de tonnerre	8
thunderstorm	orage (m)	8
thundery	orageux(euse)	8
tidy up, to	ranger	5
tie	cravate (f)	9
tighten, to	serrer	2
tights	collants (mpl)	9
tile	carrelage (m)	7
tip (advice)	truc (m)	4
toe	orteil (m)	7
tolerate, to	supporter	6
tool	outil (m)	2
tools	outillage (m)	4
torn	déchiré(e)	9
touch wood, to	toucher du bois	7
touchy	susceptible	2
train, to	s'entraîner	6
trainee	stagiaire (m/f)	10
trainers (shoes)	baskets (fpl)	6
training	formation (f)	10
training period	stage (m)	10
transmit, to	émettre	7
travel, to	voyager	1
travel through, to	parcourir	4
tray (office)	banette (f)	10
trim, to	tailler	2
trip, to	trébucher	7
trouble	hic (m)	9
trust: not to trust	se méfier	8
try, to	essayer	1
turnover	chiffre (m) d'affaires	10

English	French	
twist, to	se tordre	7
type (in), to	taper	3
typing	frappe *(f)*	10
U		
umbrella	parapluie *(m)*	6
uncork, to	déboucher	2
understand, to	comprendre	1
unfurl, to	déployer	1
unhappy	malheureux(euse)	1
university	fac *(f)*	10
untidy (person)	débraillé(e)	3
upright	droit(e)	1
upstairs/at the top	en haut	4
V		
valued	prisé(e)	8
varied	divers	10
vegetable garden	potager *(m)*	4
veil	voile *(m)*	8
venison	chevreuil *(m)*	7
view, to	visionner	5
visibly	à vue d'œil	6
voluntary, volunteer	bénévole *(m/f)*	10
W		
wait, to	attendre	1
wait, to	patienter	3
wake up, to	se réveiller	2
walk around, to	se promener	1
wall	mur *(m)*	4
wallet	portefeuille *(m)*	3
wallpaper	papier *(m)* peint	4
want, to	vouloir	1
war	guerre *(f)*	1, 2
wardrobe	vestiaire *(m)*	9
washbasin	lavabo *(m)*	4
washing (clothes)	lessive *(f)*	8
washing-up	vaisselle *(f)*	1, 8
waste, to	gaspiller	8
water melon	pastèque *(f)*	7
water-skiing	ski *(m)* nautique	8
wave	onde *(f)*	7
wear, to	arborer	3
wear, to	porter	9
weaving	tissage *(m)*	9
weekly	hebdomadaire	4
weigh, to	peser	3, 9
weight	poids *(m)*	7, 9
welcome	accueil *(m)*	8
well	bien	3
well-being	bien-être *(m)*	7
westernised	occidentalisé(e)	6
what	qu'est-ce que, quel	1
when	lorsque	3
when	quand	1
where	où	1
whereas	alors que, tandis que	7
which	quel	1
whilst	alors que, tandis que	7
who	qui	1
who's calling?	c'est de la part de qui?	5
why	pourquoi	1
wickerwork	vannerie *(f)*	9
width	largeur *(f)*	9
wilful	volontaire	1
wilted	fané(e)	9
wind	vent *(m)*	8
wing	aile *(f)*	6
wish	vœu *(m)*	3
wish, to	souhaiter	5
witch	sorcière *(f)*	3
withdraw, to	retirer	3
without	sans	5
wonder, to	se demander	2
wood	bois *(m)*	9
wooden floor	parquet *(m)*	7
woodwork	menuiserie *(f)*	4
wool	laine *(f)*	9
work	boulot *(m)*	8
it doesn't work	ça ne marche pas	9
workshop	atelier *(m)*	4
worry, to	s'inquiéter	2
wrist	poignet *(m)*	7
write (an entry), to	inscrire	1
wrong: to be wrong	avoir tort	3
Y		
young	jeune	1
younger (brother)	cadet (frère)	3